KB088806

아트인문학 여행

이탈리아를 거닐며 르네상스 천재들의 사유를 배우다

아트인문학 여행

김태진·백승휴 지음

보이지 않는 것을 보려면 보이는 것을 잘 보아야 한다

새로운 여행을 제안한다. 이른바 '아트인문학 여행'이다. 서양미술사에 빛나는 걸작들과 만나면서 그 속에 담긴 인문학 이야기를 즐길 것이다. 여행이라고 해서 부담을 느낄 필요는 없다. 그저 이 책을 집어 들고 여유로운 곳에서 한 장씩 페이지를 넘기면 되니까. 일반적으로 여행하면 패키지 여행이든 배낭여행이든 되도록 많은 도시를 일정에 넣고 시간에 쫓기며 돌아보았던 여행이 떠오를 것이다. 유명 관광지에 가서 눈도장 찍고, 사진 찍고 돌아서야 했던 여행들…. 좋은 추억이긴 하지만 그만큼 아쉬움도 많이 남았을 것이다. 이제 그런 여행은 잊자. 좋아하는 테마를 하나 정해 거기에 집중하는 여행을 상상해보자. 알차고 돌아올 땐 마음 가득 뿌듯한 여행 말이다. 아트인문학 여행이 만들어진 이유는 여기에 있다. 시간 제약도 없다. 머물고 싶은 곳에선 머물고, 음미하고 싶은 이야기는 충분히 음미하는 그런 여행이 될 수 있다면 좋겠다.

왜 아트+인문학+여행인가

아트, 인문학 그리고 여행…. 말하자면 예술과 인문학이 만났고 그게 다시 여행을 만났다. 저마다의 재미와 유익함을 가진 활동이니 이들을 조합한 것만으로도 많은 것이 기대되는 건 분명하다. 하지만 아트인문학 여행이 가지는 의미는 거기에 머물지 않는다. 이들 셋을 나란히 놓고 보면 공통점이 있다. 그건 우리를 성장시켜 현실을 '낯설게 보도록' 해준다는 것이다. 여행은 떠남이다. 일상에서 벗어나 낯선 곳을 둘러보고 다르게 살아가는 이들과 만나고 돌아올 때 우리는 보다 객관적인 시야를 갖게 된다. 예술은 예술가의 눈을 빌어 자연이 숨겨둔 아름다움을 발견하는 체험이다. 그것에 감동할 때 '그 이전의 나'로 돌아갈 수 없다. 인문학은 인간에 대한 폭넓고 진지한 통찰을 배우는 것이나. 그 통찰의 맨끝에는 '낯선 나 자신'이 있다.

낯설게 볼 수 있을 때 우리는 익숙한 것들 속에 숨어 있던 새로움을 발견한다. 그리고 그제야 비로소 보이지 않던 것들을 볼 수 있게 된다. 당장 눈에는 보이지 않지만 가장 중요한 것, 말하자면 본질 같은 것. 이것이 바로 우리 시대가 요구하는 창조성의 핵심이기도 하다. 이처럼 각각의 의미를 하나로 모아보니 아트인문학 여행으로 얻을 수 있는 바를 분명히 할 수 있게 되었다. 그건 멈춰 있는 현재를, 우리의 삶과 우리 사회를 역동적으로 움직이도록 바꿔줄 창조성을 되찾는 것이다. 이 책이 인문학 책으로 분류되는 이유도 바로 여기에 있다.

왜, 이탈리아 르네상스인가

많은 곳이 여행지로 물망에 올랐지만 결국은 이탈리아로 정했다. 여러 면에서 매력적인 나라지만 무엇보다 이 책의 취지에서 볼 때에도 이탈리아는 최적의 장소였다. 바로 르네상스의 본고장이었기 때문이다. 역사를 통틀어 창조력이 용솟음쳤던 시대를 꼽으라면 누구나 르네상스 시기를 꼽을 것이다. 약소국이 만들어낸 창조와 혁신의 한판 뒤집기. 그 현장을 답사하면서 우리 시대와 사회를 돌아보는 기회로 삼을 것이다. 네 도시에서 다섯 테마가 선정되었다. 피렌체에서는 브루넬레스키와 보티첼리를, 밀라노에서는 레오나르도 다 빈치를, 로마에서는 미켈란젤로를, 그리고 베네치아에서는 티치아노를 만날 것이다. 서양 미술의 역사에서 뿐만 아니라 인류의 역사에서도 찬란히 빛나는 이들은 불가능을 가능으로 만들었고, 그들이 남긴 작품들은 지금도 살아 숨쉬는 것 같다는 평을 듣는다. 혹자들은 이들을 천재로 태어났을 뿐이거나 그저 시대를 잘 만났을 뿐이라고 말하기도 하지만 이는 겉모습만을 본 것에 불과하다. 보이지 않는 곳을 보기 위해서는 보이는 것부터 잘 보아야 한다. 이 책은 낯설게 보기를 통해 그런 단순한 정의를 넘어서려는 시도다. 그 결과 '도전', '과감한 투자', '몰입', '헌신' 그리고 '개방에 이은 재창조'라는 다섯 가지 핵심 코드를 찾아낼 수 있었다.

최고의 교양 강의와 사진명장의 사진이 한 권의 책으로

"지금까지 들은 그 어떤 강연보다도 재미있고 유익했다."

"시리즈 강좌로 듣고 싶고 또 다른 강연도 듣고 싶다."

"예술을 소재로 했는데도 예상하지 못한 큰 울림을 준다."

"듣는 내내 그렇게 행복할 수 없었다."

감사하게도 아트인문학 강연은 많은 분의 사랑을 받았다. 한 번 찾아간 곳에서는 어김 없이 앙코르 요청을 받았고 소개에서 소개로 이어져 이젠 제법 많이 알려졌다. 그 성원에 힘입어 이처럼 책으로도 만들게 되었고, 더 많은 독자와 만나게 된 것이리라.

책을 기획하면서 이탈리아 현지의 생생한 사진을 담고 싶었다. 그래서 어렵사리 사진명장인 백승휴 작가를 섭외해 부랴부랴 현장 스케치 여행도 다녀왔다. 포토테라피 분야의 전문가이기도 한 백작가는 늘 유쾌하다. 덕분에 함께한 여행은 잊을 수 없는 추억이 되었다. 그리고 무엇보다 '감성 돋는' 명징한 사진들로 이 책의 가치를 높여준 점에 감사하지 않을 수 없다. 여행을 떠나면서 서로 별명도 지어보았다. 귀에 착착 감기는 이야기꾼이라 하여 나는 꿀구라로, 직관적이며 때론 엉뚱한 한마디로 통찰력을 뽐내는 백작가는 막구라로 정했다. (읽는 분들의 피부에 소름이 돋았다면 사과드린다.)

이 책이 나올 때까지 도움을 주신 분들이 떠오른다. 본업만 하던 사람 옆구리 찔러 여기까지 오게 해주신 역사 인문학의 고수 독서경영포럼의 안계환 대표와 기업교육 전문가 김군태 대표가 이번 여행을 함께해주었다. 또한 그간 격려와 성원을 보내주신 많은 분과 이 책의 기획 과정부터 함께해준 카시오페아 민혜영 대표께 감사를 드린다. 그리고 아트인문학의 시작점이자 계기가 된 유럽 미술관 투어의 동지들인 가족에게도 이 자리를 빌어 사랑과 고마운 마음을 전한다.

꿀구라 김태진

SUISSE
ALPES
AUTRICHE-
St Gothard
Simplon
Ortler 3900
Adamello 3556
3500
3255 Antelao
Pontebba
Mt Rose 4638
Lombardie
Trieste
Fiume
Istrie
Turin 230
Mt Genèvre
Mt Viso 3840
Alexandrie
Plaisance
Parme
Reggio
Modène
Bologne
Vérone
Vicence
Padoue
Venise
Chioggia
Mantoue
Crémone
Brescia
Bergame
Côme
Ferrare
Gênes
Savone
Col de Tende
Ligurie
Chiavari
Spezia
Carrare
Cimone 2167
Col de Futa
Lucques 915
San Remo
Porto Maurizio
Nice
Gfe de Gênes
Pise
Florence
Livourne
Toscane
Sienne
Gorgona
Capraja
Rimini
Ancône
Col de Fossato 635
Pérouse
Vettore 2479
Ombrie
Amiata 1766
Elbe 1000
Pianosa
Argentaro 636
Giglio
Monte Cristo 638
CORSE
L. de Bolsena
Gran Sasso d'Italia 2920
Chieti
Majella 2792
Tremiti
Mt Velino 2487
Abruzzes
ROME
Fiumicino
L. Albano 305
Molise
Gargano 1570
Manfredonia
G. de Manfredonia
Foggia
Meta 2245
Campobasso
Cerignola
Porto d'Anzio
Terracine
C. Circello 527
Gaëte
G. de Gaëte
Caserte
Aversa
Campanie
Naples
Vésuve 1250
Ponza
Ischia 768
Capri
Salerne
G. de Naples
G. de Salerne
Vultur
Potenza
Basilicate
Bouches de Bonifacio
La Maddalena
Caprera
Asinara
Porto Torres
Terranova
Sassari
SARDAIGNE
Gennargentu 1864
G. d'Oristano
Tirso
Iglesias
Carloforte
Cagliari
G. de Cagliari
MER TYRRHÉNIENNE
MER ADRIATIQUE
G. de Policastro
Pollino 2334
G. de Ste Eufemia
Ies Eoliennes
Stromboli
Panaria
Lipari
Vulcano
Alicudi
Felicudi
Ustica
Palerme
Partinico
Alcamo
Termini Imerese
Messine
Reggio
Aspromonte
Trapani
Marsala
Ies Ægades
Castelvetrano
SICILE
Etna 3313
Caltanissetta
Caltagirone
Catane
Girgenti
Licata
Vittoria
Raguse
Modica
Syracuse
C. Passero
MER MÉDITERRANÉE
Pantellaria
TUNIS
TUNISIE
Bône
AFRIQUE
Calabres
Sila
Cosenza
Barletta
Trani
Andria
Corato
Bari
Dalmatie
Bo

차례

3장. **밀라노 Milano, 다 빈치를 만나다**

4장. **로마 Roma, 미켈란젤로를 만나다**

5장. **베네치아 Venezia, 티치아노를 만나다**

종장. **우리의 르네상스를 꿈꾸며**

Renaissance

서장
르네상스라는 기적

난 이 궁금증으로 깊은 생각에 빠지곤 한다.
우리는 어떻게 하여 이 세상에 오게 되었을지.
그리고 우리가 이곳을 떠나면 또 어떻게 되는지.

_ 프란체스코 페트라르카

왜 이탈리아 르네상스인가?

이탈리아에 간다…는 말이 특별한 이유. 그건 무엇보다 르네상스의 본고장이기 때문일 것이다. 모두의 머릿속에 자연스럽게 떠오르는 이름들을 꼽아보자. 레오나르도 다 빈치, 미켈란젤로, 라파엘로…. 르네상스라는 단어에 담긴 힘을 그대로 보여주는 이들이다. 이들의 이름이 붙어 있는 것을 알면서도 작품 앞을 그냥 지나치는 사람을 난 아직 보지 못했다. 이들 작품을 몇 점만이라도 가져와 전시한다면 어떤 일이 벌어질까. 우리나라라면 웬만한 미술관 한 해 살림이 그냥 해결될 것이다. 꽤 비싼 입장료를 책정한다 해도 어마어마한 인파가 그걸 보기 위해 몰려들 테니까.

그런데 르네상스 현장에서 이들과 만나보면 어떨까. 아마도 조금 다른 느낌을 받게 될 것이다. 비유를 해본다면 이들은 별과 같달까. 매우 밝게 빛나는 별은 분명하다. 하지만 그렇다고 해서 밝은 하늘에 세 개의 태양이 떠 있는 모습은 그려지지 않는다. 그보다는 오히려 어두운 밤 하늘을 떠올려보아야 한다. 별들 사이로 유난히 밝은 은하가 있다. 르네상스라는 은하다. 가까이 갈수록 무수히 많은 별이 저마다 빛을 내고 있다. 그 중심에 다른 별들보다 훨씬 큰 별들이 보인다. 그 수는 여전히 많다. 자세히 보니 그중에 다 빈치, 미켈란젤로, 라파엘로의 별이 보인다. 특별히 튀지도 않으면서 다른 별들과 조화를 이루고 있는 것이 장관이다. 이렇듯 르네상스는 다가갈수록 깊고 거대하며 또 그만큼 신비로운 세계다.

보티첼리, 비너스의 탄생 (부분), 1486년, 172.5×278.5㎝, 우피치미술관

지금 우리에게 필요한 것은?

우리나라는 20세기에 한 차례의 기적을 만들어낸 적이 있다. 바로 한강의 기적이다. 전 세계에서 가장 가난한 나라로 세 손가락 안에 들던 약소국 대한민국. 이제는 무역강국으로서 당당히 세계 무대에 서 있다. 하지만 앞으로 펼쳐질 상황은 그리 만만치 않다. 그간 앞만 보고 뛰었고 선진국의 기술을 그야말로 베끼고 또 베껴서 2등이 되려고 했다. 품질은 비슷하면서도 값은 싸게 만든 '메이드 인 코리아.' 마치 바람을 타고 하늘로 솟아오른 연처럼 승승장구했다. 하지만 그 끈은 끊어진 지 이미 오래다. 우리를 여기까지 오게 해준 기적이 그 힘을 다한 것이다. 베낄 1등도 눈앞에서 사라져 한참을 머뭇거렸고 뒤를 돌아보면 우리와 똑같은 방법으로 맹렬히 쫓아오는 2등들이 보인다. 우리와 어깨를 나란히 한 중국은 이제 곧 우리를 추월해 저 멀리 달려갈 기세다. 이젠 다급해졌다. 21세기를 자신의 시대로 활짝 연 스티브 잡스처럼 우리 스스로 새로운 무언가를 만들어내야 한다. 즉 세상이 우리를 따라오게 만드는 창조력을 발휘해야 한다.

우리 각자의 앞에도 새로운 도전이 놓여 있다. 정보화 지식경제에서 단순한 사무직은 이제 설 곳이 없다. 20년 전에 문서를 출력하던 타이피스트가 사라졌듯이 앞으로 20년 후면 문서를 작성하는 화이트칼라 역시 사라진다는 전망은 충격적이다. 이젠 남들 뒤를 따라 경력 관리를 하고 스펙 관리를 했다가는 인생 반환점에

다 빈치, 헝클어진 머리의 여인, 1508년, 파르마국립미술관

이르기 전에 낭떠러지를 만날 수 있다. 남들과는 다른 전문성으로 무장해 가치 있는 지식을 스스로 만들어낼 수 있어야 살아남는 시대로 이미 진입하고 있는 것이다. 즉 창조성은 우리 사회가 안고 있는 숙제일 뿐 아니라 우리 각자에게도 주어진 절박한 과제인 셈이다.

이럴 때 역사를 뒤져보는 것은 자연스럽다. 역사 속에 힌트가 있을까? 많은 문명과 민족이 명멸했지만 지난 역사를 통틀어 인간의 창조력이 가장 활발하게 분출한 시기를 꼽으라고 한다면 두 시기가 경합할 것이라 생각한다. 그 하나는 기원전 500여 년 경의 아테네이고 다른 하나는 그 후 2천 년이 지난 르네상스 시기 이탈리아다. 그런데 다시 생각해 보면 르네상스의 뿌리도 고대 로마를 거쳐 고대 그리스로 연결된다. 그렇다면 서양 문명이 이룬 창조력의 원천이자 동시에 최고의 성취는 아테네의 차지가 되어야 할 것인데…. 하지만 시간의 힘은 야속하기만 하다. 아쉽게도 창조의 아테네는 그 흔적만 남고 위대한 걸작들은 전설로만 전해진다. 그렇기에 남은 선택지는 르네상스다. 르네상스는 그 결과물들과 함께 여전히 생생하고 다채롭게 에너지를 분출하고 있기 때문이다. 그 에너지 덕분으로 간접적으로나마 고대 아테네도 느껴볼 수 있을 것이다.

불가능한 것들은 어떻게 가능해지는가?

이탈리아에서 개화한 르네상스가 더욱 눈길이 가는 건 당시 이탈리아가 지금의 우리와 비슷한 처지에 놓였기 때문일 것이다. 당시 이탈리아는 통일된 국가가 아니라 강대국의 틈바구니에서 늘 불안에 떨어야 하는 작은 나라들로 나뉘어 있었다. 작은 나라들끼리 경쟁하면서 서로 싸우기를 반복했으니 정세는 늘 불안정했다. 그런데 놀라운 일이 벌어졌다. 피렌체에서 시작된 작은 변화가 이탈리아 전역을 창조의 열기로 가득 채우고, 곧이어 주변의 다른 나라들로 빠른 속도로 퍼져나가 세상을 완전히 뒤집어 엎는 문화 예술의 일대 혁명이 된 것이다. 예술가들은 유럽 전역으로 불려다녔고 예술작품들은 엄청난 값에 팔려나갔다. 이러한 일을 벌인 주역들은 남들이 정한 대로 따라가지 않았다. 물살을 거슬러 올라가는 연어들처럼 시대를 거스르고 오히려 자신들이 만든 기준을 세상이 따르도록 만들었다. 불과 수십 년 전만 해도 상상할 수도 없던 일들이 펼쳐지고 그들은 어느새 세상의 중심이 되었다. 그야말로 기적과도 같은 변화였다.

15세기와 함께 시작되어 200년간 이어진 르네상스. 우리는 모든 이야기가 시작된 피렌체부터 살펴볼 것이다. 사연이 많은 곳이니 특히 오래 머물 예정이다. 밀라노로 가서 놓칠 수 없는 한 명의 천재와 만난 후 로마로 가서 절정을 맞이한 르네상스와 만나고 이어 베네치아로 가서 그 화려한 피날레를 보려 한다. 각 도시마다 만나야 할 사람들을 정해 두었다. 그들의 발자취를 더듬으면서 당시 역사적 상황과 여러 일화들, 그리고 그들이 남긴 걸작들을 만나볼 것이다.

미켈란젤로, 다비드, 1504년, 408.9㎝, 아카데미아미술관

티치아노, 남자의 초상 (부분), 1512년, 81.2×66.3㎝, 런던 내셔널갤러리

100년에 한 번 나올까 말까한 천재들이 동시에 쏟아져 나온 시기

누군가 르네상스를 말하면서, '100년에 한 번 나올까 말까 하는 천재들이 동시에 쏟아져 나온 시기'라고 했다. 그들을 한 장의 연표에 다닥다닥 붙여놓고 보면 저절로 고개가 끄덕여진다. 앞서 비유한 것처럼 르네상스는 밤하늘 멀리 놓인 거대한 은하와 같다. 무수히 많은 별이 저마다의 빛을 내고 그 빛이 하나가 되어 아름다운 기적이 되었다. 앞으로 우리가 여정에서 만날 한 사람 한 사람은 르네상스라는 은하에서도 가장 밝게 빛나는 별이다.

르네상스라는 기적을 만든 것은 시대 분위기도 한몫 단단히 했겠지만 그에 못지않게 그 속에서 피와 땀을 흘리며 분투한 개인들의 힘이 중요했다. 이들은 숱한 어려움 속에서도 치열함과 끈기로 자신만의 잠재력을 길러 내고 그것을 발현해 주위를 밝혔다. 스스로 별이 되는 기적을 만들어낸 것이다. 르네상스가 하나의 은하이고 또한 아름다운 기적이라 한다면, 르네상스 은하에 속한 아무리 작은 별일지라도 별 역시 그 자체로 이미 기적이다.

이탈리아 르네상스를 찾아가는 이번 여행에 나는 '아트인문학 여행'이라고 이름 붙였다. 개인적인 르네상스는 물론 개인과 조직의 르네상스를 꿈꾸는 모든 분과 함께하려 한다. 우리는 이들 몇 명의 예술가들의 이야기에서 분명 생각의 실마리를 발견할 것이다.

그 시작은 피렌체다.

1 Firenze

피렌체

브루넬레스키를 만나다

브루넬레스키와 그의 일당들

콰트로첸토. 그 100년을 열었던 1400년. 중세는 언제까지나 지속될 것만 같았다. 인문주의 운동의 중심지이자 상업의 도시 피렌체. 여기에 한 무리의 소위 '아웃사이더'가 등장한다. 국제 고딕 양식이 대접받던 예술계에서 진부한 표준을 거부하고 새로운 스타일의 예술 양식을 만들어낸 이들은 바로 '브루넬레스키 일당들'이었다.

필리포 브루넬레스키(1377~1446) 20대 중반까지 귀금속 세공과 조각을 했으나 포기하고 로마에서 독학으로 건축을 배운다. 르네상스 건축 양식을 창안하고 두오모 성당 쿠폴라를 완성해 시민의 영웅이 되었다. 시대를 앞서 간 예술가 그룹의 리더이다.

도나텔로(1386 ~ 1466) 본명은 도나토 디 니콜로이며 고대 조각을 되살린 르네상스 조각의 창시자. 어려서부터 브루넬레스키를 따랐고 코시모 데 메디치의 후원으로 많은 조각을 남겼다.

마사초(1401 ~ 1428) 본명은 톰마소 디 셀 조반니 귀디. 원근법을 회화에 적용한 르네상스 회화의 창시자.

레온 바티스타 알베르티(1404 ~ 1472)
다 빈치 이전의 대표적 '만능인'. 건축가이자 예술 이론가.

기타
로렌초 기베르티, 마솔리노 등

예술가의 눈으로 보아야 한다.
그래야만이 자연이 감추어 둔 비밀을
발견할 수 있다.

_ 필리포 브루넬레스키

피렌체를 걷다
_ 그 하나

피렌체에 내렸다. 관문인 산타 마리아 노벨라역, 시간은 오후 4시다. 머릿결에 살며시 햇살이 내려앉았다. 떠나는 이, 돌아오는 이…. 그런데 하나 같이 이목구비가 뚜렷하고 깊은 눈동자에 균형 잡힌 몸매가 매력적이다. 막구라 백작가가 카메라를 들고 뭔가를 찍고 있기에 보니 한 연인이 있었다. 이별의 아쉬움을 달래는 듯 이들은 사랑스런 입맞춤을 나눈다. 뭐라 말할 수 없지만 그 모습이 왠지 멋지다.

피렌체는 그야말로 아는 만큼 보고 가는 도시다. 한 집 건너 유적이라 할 만큼 의미 있는 건물이 많다. 처음엔 나도 우피치미술관에 가려고 한 나절만 둘러보고 갔는데 이젠 올 기회가 있으면 최소 사흘은 머문다. 놀라운 것은 올 때마다 새로운 피렌체를 알게 된다는 것이다. 그러니 어찌 피렌체를 사랑하지 않을 수 있겠는가. 피렌체 시내는 그리 크지 않다. 기차역에서 두오모까지는 걸어서 10분이면 되고, 거기서 아르노 강까지도 10분이면 충분하다. 하지만 작다고 만만히 보면 안 된다. 볼 곳이 너무나 많아서 조금만 욕심을 내면 금방 지친다. 미리 공부해서 어디를 갈 것인지 동선을 잘 짜야 한다.

관광객으로 보이는 한 남자가 피렌체를 걷는다. 아쉽게도 그는 지금 자신이 지나친 곳이 어딘지 모르고 있다. 이 집은 다름 아닌 미켈란젤로의 생가다. 미켈란젤로가 수도 없이 걸었을 길 위에 있다는 걸 저 남자는 알까? 피렌체에서는 긴장을 늦추면 보석 같은 순간을 그냥 지나칠 수 있다.

미켈란젤로의 집.

두오모 광장과 기베르티의 청동문

"쥰세이, 그거 알아? 피렌체 두오모는 연인들의 성지래. 영원한 사랑을 맹세하는 곳, 언젠가 함께 올라가주겠니?"

- 영화 〈냉정과 열정 사이〉 중에서

피렌체 도심 관광지에는 동양인이 자주 눈에 띈다. 〈냉정과 열정 사이〉의 도시답게 말이다. 이 영화가 피렌체 관광 붐을 일으킨 지 벌써 10여 년. 영화의 위력은 여전해 보인다. 하지만 오래 전부터 피렌체를 그 자체로 사랑해온 이들은 다소 불만이다. 그 영화가 짙은 색유리처럼 피렌체의 본모습을 가리고 있다고 생각하기 때문이다. 이제 우리는 가능하면 그 영화가 있기 이전의 피렌체를 찾아보려 한다.

겨울 해가 짧기 때문에 조금 지체하면 바로 어둠이 내린다. 숙소에 여장을 풀고 서둘러 길을 나서니 거리마다 성탄절 맞이 장식등이 달렸다. 모든 거리에 불이 켜지면 피렌체는 전혀 다른 모습이 되리라. 모퉁이를 돌아 두오모 광장으로 접어드니 전면에 거대한 성당이 눈에 들어온다. 바로 두오모다. 두오모라는 말은 라틴어로 '신의 집'이라는 뜻인 '도무스 데이'에서 왔다. 피렌체만이 아니라 이탈리아 주요 도시에 있는 주교좌 성당을 대개 두오모라 부른다.

두오모 광장에서 바라본 두오모의 모습.

산 조반니 세례당 동쪽문.

이 성당의 본래 이름은 산타 마리아 델 피오레, 즉 꽃의 성모 마리아 성당이다. 피렌체 한가운데 있는 대표적인 랜드마크인데 신기하게도 이 건물을 마주하면 앞으로 달려가 그저 멍하니 바라보고 있어야 한다. 본인의 의지와는 상관 없이 도무지 눈을 뗄 수가 없어서다. 두오모가 가진 마력이라 하겠다. 하지만 먼저 봐야 할 것이 있는데 바로 광장 한 가운데를 차지한 산 조반니 세례당이다. 우리 이야기의 출발점이기도 하다. 크리스마스를 맞아 이 유서 깊은 건물도 외벽을 단장하는 중이었다. 커다란 가림막이 있어 걱정이 되었는데 다행히 출입은 가능하다고 했다. 그리고 바로 그 '청동문'도 볼 수 있었다.

두오모를 마주 보고 있는 세례당 동쪽편, 미켈란젤로가 천국의 문이라고 칭송한 그 청동문이다. 이 문을 만든 이는 기베르티다. 그는 금은 세공과 장식 조각 부문에서 당시 가장 앞서 가던 장인이었다. 이 동쪽문은 그의 두 번째 작품으로 10개의 대형 패널에는 구약성서의 내용이 담겼다. 무려 27년이 걸린 대작이다. 청동 위에 금도금을 했기 때문에 밝고 화려하며 자세히 보면 입체감과 정밀한 묘사가 탁월해 감탄을 자아낸다. 모세 이야기가 그려진 이 패널의 오른쪽 상단 모퉁이를 보자. 툭 튀어나온 기베르티의 얼굴이 감상 포인트다.

같은 건물 모퉁이를 돌아 북문으로 오면 그의 첫 번째 청동문을 만날 수 있다. 총 28개의 패널로 이뤄진 이 작품엔 예수의 일생이 연작으로 담겼다. 두 번째 청동문에 비하면 구성이 단순하고 표현 기교도 부족해 보인다. 그렇다. 그 사이 기베르티의 실력이 엄청나게 는 것이다. 첫 번째 문 하나 만드는 데 20여 년이나 걸렸으니 청년이 중년이 되는 세월이다. 두 번째 청동문을 맡았을 때에는 자신도 생기고 많은 노하우를 체득했을 것이다. 그러니 새롭고 독창적인 작품을 시도할 수 있었던 것이다. 그렇다고 첫 번째 청동문을 못 만들었다고 말할 수는 없다. 당시 기술력으로 볼 때에는 대단한 작품이었다. 반응이 얼마나 좋았으면 바로 '앙코르'가 나왔겠는가. 청동문 둘 만드는 데 총 50년. 기베르티의 인생은 이 두 번의 프로젝트로 마감된 셈이다.

세례당 북쪽문.

브루넬레스키의 이야기를 본격적으로 하기 위해 이 청동문이 논의되기 시작하던 1401년으로 거슬러 올라가보자. 흑사병이 물러가자 시민들은 감사와 기원의 마음을 담아 유서 깊은 세례당에 청동문을 새로 만들어 달기로 한다. 이를 위해 공모전을 열었는데 엄청난 상금과 지원금이 걸려 있다 보니 많은 이의 관심사가 되었다. 공모전의 과제는 청동문에 달릴 한 개의 패널과 같은 크기로 구약성서에 나오는 '이삭의 희생'을 주제로 작품을 만들어 제출하는 것이었다. 최종 결선에 오른 사람은 스물두 살의 기베르티와 스물세 살의 브루넬레스키였다. 이 둘은 모두 금은 세공을 익힌 신예 조각가였는데 심사위원들은 고심 끝에 기베르티를 선정했고, 브루넬레스키에게는 공동 작업자를 맡겼다.

(왼)**브루넬레스키와** (오)**기베르티, 이삭의 희생**, 1401년, 45×38㎝, 바르젤로국립미술관.
청동문 공모 과제. 기베르티는 대중의 눈높이에 맞추려 노력한 반면 브루넬레스키는 역동적인 구성에 원근법을 부각해 자기만의 색깔을 보여준다. (Photo by Jebulon)

포로 로마노

ALTO RENT · NOLEGGIO
Palazzani

워낙 큰 지원금이 걸린 일이었기에 공동 작업만 맡아도 말하자면 '로또'를 맞는 셈이었다. 그런데 모두를 놀라게 하는 일이 벌어졌다. 당연히 수락할 것으로 예상한 그 제안을 브루넬레스키는 단번에 거절한 것이다. 그러고는 얼마 후 아홉 살 아래의 친한 후배인 도나텔로와 함께 로마로 떠나버렸는데, 남긴 말이 더욱 놀라웠다. 조각을 그만두고 앞으로는 건축을 하겠다나….

로마로 건축 공부를 하러 간다? 이는 말이 되지 않는 소리였다. 건축 유학이라 하면 당연히 파리로 가서 국제 고딕 양식을 배우는 것일 텐데, 로마에 뭐가 있다는 말인가. 당연히 아무것도 없다. 학교도 선생도 없고 심지어 큰 성당은커녕 남아 있는 건물도 변변한 것이 없고 지금의 포로 로마노처럼 폐허에 가까운 상태였다. 중세 천 년을 지나면서 로마의 유물과 유적들은 이교도의 것이라 하여 철저히 파괴되었다. 이런 로마로 간다는 건 독학을 해야 한다는 말이었다.

앞 장의 사진을 보자. 포로 로마노는 고대 로마의 광장이자 번화가였다. 이곳이 오랜 세월 땅 밑에 묻혀 있다가 본격적으로 발굴된 시기는 19세기다. 그러므로 브루넬레스키와 도나텔로는 이 포로 로마노의 존재는 알았을지 모르나 지금과 같이 발굴된 형태를 보지는 못했다. 다만 그들이 누비고 다녔던 15세기 초엽 로마의 분위기는 이곳에서 잘 느낄 수 있어 참고가 된다.

그들이 로마로 간 후 오래지 않아 이상한 소문이 돌았다. 피렌체에서 온 '두 명의 미친 젊은이'가 온 로마를 파헤치고 다닌다는 것이다. 실제로 이들의 행동은 해괴했다. 고대 건물이라는 건물은 다 크기를 재고 유적은 측량했으며 땅을 여기저기 파헤쳐 고대 유물을 닥치는 대로 모았다. 도굴꾼이라는 말도 있었고 주술사라는 소문도 돌았다. 그렇게 남들의 수근거림을 무시하고 지내길 2년. 브루넬레스키는 수레를 마련해 도나텔로를 먼저 피렌체로 돌려보냈다.

이때 두 가지 임무를 주었는데 하나는 수레 가득 실린 그간의 수집품들을 메디치 가문의 젊은 후계자 코시모에게 전달하라는 것이었고, 다른 하나는 기베르티의 제자로 들어가 한창 작업 중인 청동문 제작을 도와주면서 청동 기술을 배우라는 것이었다. 도나텔로가 어차피 조각으로 승부를 내자면 청동 기술을 완벽하게 익혀야 할 것이고, 더 나아가서는 기베르티의 실력마저 넘어서야 하기 때문이었다. 그 뒤로 로마에 남은 자신은 공부를 계속했다. 브루넬레스키가 피렌체와 로마를 왕래하며 자기 힘으로 건축을 공부한 시간은 무려 17년에 이른다.

브루넬레스키의 쿠폴라

피렌체 두오모 성당 건축이 추진된 것은 1287년, 즉 13세기 말이다. 피렌체가 상업도시로 성장하면서 무역을 통해 많은 황금이 유입되었고 길드도 활성화되었다. 이를 바탕으로 도시의 위세를 과시하기 위해 대성당 건축에 착수하게 되었다. 피렌체라는 도시 이름이 꽃에서 왔으니 성전 이름도 '꽃의 성모 마리아 성당'이 될 것이었다.

하지만 의욕과는 달리 우여곡절이 많았다. 추진 주체가 여러 차례 바뀌고, 자금난으로 공사가 중단되었으며, 흑사병으로 인구가 절반 이하로 줄어들면서 공사는 한없이 지연되었다. 게다가 앙숙이자 경쟁 도시인 시에나가 더 큰 성당을 짓는다는 계획을 발표하자 이에 발끈한 피렌체 시민들은 시에나보다 더 큰 성당을 지으라고 요구했다. 이에 건설 도중 설계를 변경하여 본래의 계획보다 일이 점점 커졌다. 이 과정에서 많은 사람이 파산하는 등 갖은 우여곡절 끝에 성당의 가운데 지붕이 덮이고 1차로 마무리된 시기는 1380년경이다. 그런데 이때 피렌체 당국은 당혹스러운 사실을 알게 된다. 그건 최종 설계도 대로 커다란 돔을 만드는 것이 당시의 기술력으로는 불가능하다는 것이었다. 여러 나라에서 뛰어난 건축가들을 불러 대책을 세우려고 했지만 하나같이 불가능하다는 말만 되풀이했다. 그렇게 40년 가까운 세월이 흘렀고 더 이상 성당 완성을 미룰 수 없게 된 시 당국은 마지막 희망을 품고 이탈리아 건축

둥근 돔을 이탈리아어로 쿠폴라라 부른다. 쿠폴라 전망대를 올라가다 보면 중간쯤 쿠폴라의 곡선이 시작되는 받침대가 나온다. 여기서 위를 올려다보면 내부를 장식한 거대한 그림이 한눈에 들어온다. '최후의 심판' 내용을 조르조 바사리가, 그리고 페데리코 주카리가 완성한 그림이다. 한가운데 전망대에서 빛이 쏟아져 내린다.

브루넬레스키가 연구한 로마 판테온. 내부에서 바라본 꼭대기 채광창의 모습.

가들을 대상으로 설계안을 공모하는데, 그 해가 1417년이었다.

브루넬레스키는 어릴 적부터 두오모 성당의 쿠폴라를 마음에 두고 있었던 것으로 짐작된다. 100년이 넘도록 지어져 이젠 모양을 제법 갖추었지만 돔을 올리지 못해 언제까지나 미완성으로 남아 있는 건물. 피렌체의 자부심으로 추진되었지만 이젠 모든 시민의 자괴감이 되어버린 거대한 구조물. 어려서부터 이런 형편을 가까운 곳에서 보아온 브루넬레스키는 조각을 포기하고 건축을 하기로 마음을 먹을 때 이미 두오모를 자기 손으로 완성하겠다는 포부를 가졌을 것으로 보인다. 로마에 남아 있던 가장 큰 돔인 판테온을 집중적으로 공부한 이유도 당연히 이와 관련이 있을 것이다.

그런데 그가 어떤 경력도 없는 '듣보잡' 건축가라는 데 문제가 있었다. 혼자 공부만 했지 지금까지 그 어떤 건물도 직접 만들어본 적이 없었던 것이다. 1417년 돔 설계안 공모전이 열렸을 때 그의 나이는 사십 줄에 이르렀다. 제안을 설명하는 자리에서 그는 설계도를 제출하지 않고 오직 말로만 자신의 방법을 설명해 심사위원들을 당황시켰다. 그것도 내부에 나무틀도 세우지 않는 상식 밖의 방법을 말이다. 설계도를 보여줘야만 당선될 수 있다는 압박에도 그는 전혀 물러서지 않았다. 그러면서 그 유명한 계란 세우기 시범을 보인다. 먼저 모두에게 계란을 세워보라고 한 후, 아무도 성공하지 못하자 자신은 계란 밑을 툭 깨서 세웠다. 그걸 누가 못하느냐며 다른 이들이 항의하자 자신의 설계도에 담긴 내용도 이와 같다고 했다. 다른 사람들이 자신의 방법을 그대로 표절할 수 있다는 것이다. 그래서 심사는 한없이 지연되었다. 브루넬레스키의 방안을 제외하면 마땅한 대안도 없던 터에, 지을 수 있다고 자신하는 건축가와 증거를 대라는 심사진은 내내 평행선을 달렸다. 그렇게 3년, 결국 그 살바 싸움에서 브루넬레스키가 승리했다. 돔 공사를 더 이상 늦추면 안 된다는 시민들의 요구가 심사진을 압박했기 때문이다.

쿠폴라 올라가는 계단. 쿠폴라 꼭대기까지 100미터가 넘는 높이까지 벽돌들이 차곡차곡 쌓여 있다. 벽돌의 가로와 세로가 만나는 걸 확인할 수 있는데, 이것이 브루넬레스키가 고안한 벽돌 쌓기다.

그 사이 브루넬레스키는 코시모의 도움을 받아 중요한 공사를 하나 맡아둔 터였다. 그러니 경험이 없다는 비판을 하기도 어려웠을 것이다. 하지만 심사진들도 그대로 물러서지는 않았다. 브루넬레스키를 총책임자로 정하되 공동 작업자를 두어 견제와 감독을 하도록 한 것이다. 그중에는 연이어 브루넬레스키의 앞길에 나타나 심기를 뒤집어 놓은 기베르티도 있었다.

이런 우여곡절 끝에 시작된 공사. 오랜 기간이 걸린 만큼 시련도 많았다. 기술적인 어려움은 물론이고 각종 간섭과 모함, 방해 등이 끊이지 않았다. 하지만 브루넬레스키는 난공사에 꼭 필요한 기발한 기계장치들을 자신의 손으로 직접 만들어가면서 어려움을 하나하나 해결했고 차츰 주위의 신뢰를 얻어갔다. 돔을 정말 지을 수 있다는 기대감도 모든 피렌체 시민의 마음속에 자리잡게 되었다.

브루넬레스키의 성공이 예상되자 반대파의 간섭과 방해도 점점 심해졌다. 길드 회비를 체납했다는 이유로 고발당해 공사 중에 전격 체포되기도 했다. 이는 해프닝으로 끝났지만 브루넬레스키도 가만히 있지 않았다. 공사가 절반을 지나 난공사로 접어들 무렵, 병상에 누워버렸다. 이는 동료 도나텔로의 조언에 따른 것이다. 브루넬레스키가 공사장에 나오지 않자 사람들은 기베르티에게 달려갔다. 기베르티는 청동문을 비롯해 다른 일을 하느라 바빴고 사실 건축에 대해서는 아는 바가 별로 없었다. 난처했지만 공사의 공동 작업자로서 꼬박꼬박 급료를 받고 있던 처지라 못한다고 말할 수 없었다. 그래서 설계도를 보고 나름 작업을 지시하는데 그만 문제가 생겼다. 기베르티가 손을 대 문제가 생겼다는 소식이 전해지자 언제 아팠느냐는 듯 자리에서 일어난 브루넬레스키는 공사장으로 달려가 잘못된 부분을 뜯어서 바로 잡았다. 그러자 난처해진 건 기베르티였다. 아무것도 모르면서 그간 급료를 받아간 것이 만천하에 알려진 것이었다. 그 뒤로 기베르티는 공사에서 점점 배제되었고 브루넬레스키는 자유롭게 일을 진행할 수 있었다.

그렇게 일도 많고 탈도 많은 16년의 세월이 지났고 사람의 힘으로는 지을 수 없다던 거대한 돔이 마침내 아름다운 자태를 만천하에 드러냈다. 성당을 짓는다는 계획이 발표된 지 무려 150년 만의 일이었고, 돔 공사가 불가능하다는 사실이 알려지며 모든 피렌체 시민이 좌절한 때로부터 56년 만의 일이었다. 그 사이 이름 없는 듣보잡 건축가였던 브루넬레스키는 피렌체 최고의 건축가로 인정을 받았고 많은 일을 맡아 눈코 뜰 새 없는 나날을 보내게 되었다.

그의 손을 거친 건물들이 지금도 피렌체를 장식하고 있다. 그중 메디치 가문의 가족 예배당인 산 로렌초 성당과 아르노 강 남쪽에 우아한 모습을 뽐내는 산토 스피리토 성당, 산타 크로체 성당 경내의 파치 예배당과 그의 첫 번째 일이었던 시내 북쪽의 피렌체 고아원 등이 대표작이다. 이들은 모두 브루넬레스키가 창안한 르네상스 양식으로 지어졌다. 고딕 양식에 익숙한 사람들은 처음에는 그가 엄정한 비례와 균형, 조화를 이루도록 만든 건물들을 매우 낯설고 어색하게 여겼다. 하지만 곧 그 아름다움을 깨닫고는 브루넬레스키를 열렬히 지지했다. 이후 브루넬레스키의 건축 양식은 많은 건축가의 모델이 되어 전 유럽으로 퍼져갔다.

쿠폴라에 올랐다. 바닥에서부터 무려 106미터. 피렌체 시내가 한눈에 들어온다. 바로 옆에 있는 조토의 종탑이 85미터 정도이니 조금 더 높은 위치다. 브루넬레스키도 이곳에 올라 이 경치를 즐겼으리라. 마지막 벽돌을 끼워 맞추는 그 순간, 그는 무슨 생각을 했을까?

1446년 브루넬레스키가 죽은 후, 그가 영원히 잠들 자리가 정해졌다. 그곳은 바로 두오모 성당이었고, 자신이 만든 쿠폴라 정중앙의 아래 바닥이었다. 그 누구도 얻지 못한 영예였다.

쿠폴라 전망대에서 내려다 본 피렌체. 조토의 종탑이 드리운 그림자가 산 로렌초 성당을 가리키고 있다. 꽤 큰 건물인데 저리 작고 낮게 보이는 걸 보면, 이곳 쿠폴라 정상이 얼마나 높은지 실감하게 된다.

쿠폴라를 지상에서 찍은 모습. 더 웅장하게 찍으려면 더 앞으로 가서 위를 보고 찍어야 한다. 저 위에 전망대, 그 위로 지름 2미터가 넘는 거대한 금색 공이 십자가를 받친 채 반짝인다. 전망대와 마찬가지로 브루넬레스키가 죽은 후 다음 세대가 올려놓은 것이다.

이른 아침이라 아직 몇 사람 없어 한산한데 한 젊은 친구가 땀을 뻘뻘 흘리며 올라온다. 큰 삼각대를 펼치며 카메라를 설치하고 자리를 잡는 폼이 오래 머물 기세다. 예상대로 한국에서 온 대학생이다. 아르바이트해서 모은 돈으로 석 달 동안 유럽을 돌아다니는 중이란다. 이제 두 달이 지났고 남은 일정은 이탈리아에서 보낸다고. 오늘 어디를 둘러볼 거냐고 묻자 오늘 일정은 이곳뿐이라고 잘라 말한다. 피렌체에서 가장 높은 곳. 〈냉정과 열정 사이〉의 남자 주인공 준세이가 그랬듯이 자기도 아침부터 저녁까지 이곳 쿠폴라에서 머물다 갈 것이라고 한다. 그렇다면 아오이는? 수줍게 고개를 저으며 아직은 없다고 말한다.

쿠폴라에서 내려와 두오모 성당을 한 바퀴 둘러 본다. 고딕이 가미된 로마네스크 양식의 건물에 르네상스 쿠폴라가 얹혔다. 어색할 것 같은데 묘하게 조화를 이룬다. 찬찬히 그 벽면과 장식들을 살펴본다. 하얀색과 푸른색, 붉은색 대리석이 정확한 규칙에 따라 붙여졌다. 대리석으로 뒤덮인 거대한 벽면과 꼭 있어야 할 곳에 들어찬 조각들. 이 모든 것은 성전을 짓기 위해 피렌체 사람들이 얼마나 많은 노력을 기울였는지를 말해준다. 그리고 숙원인 돔이 완성되고 제대로 된 성전을 갖게 되었을 때 얼마나 기뻐했을지 짐작하게 한다.

천 년을 뛰어넘어 고대 조각을 되살리다

브루넬레스키의 일당 중에서 가장 먼저 만나야 할 사람은 당연히 도나텔로다. 그는 어린 시절부터 브루넬레스키를 따랐는데 이후 함께 공방을 운영하면서 평생의 동반자가 되었다. 여러 일화에서 미뤄 짐작하듯 브루넬레스키는 고집이 센 사람이었다. 그런데 도나텔로에 비하면 점잖았다고 해야 할지…. 도나텔로도 한 성질 하는 사람이었다. 혹여 자신의 작품에 대해 의뢰인이 토를 달거나 보수 지급을 미루면 미련 없이 자기 작품을 부숴다고 한다. 그러니 의뢰인들과 크고 작은 갈등이 끊이지 않았다. 그래서 주위 사람들은 도나텔로의 작품을 받을 때에는 절대 토를 달면 안 된다는 걸 알고 있었다고 한다.

로마에서 돌아온 도나텔로는 브루넬레스키가 말한 대로 기베르티의 밑에서 청동 주조 기술을 배웠다. 그리고 조각에 전념하는데 많은 연구와 노력 끝에 완전히 잊혀진 고대의 조각을 되살렸다는 평가를 받았다. 그렇다 보니 젊은 시절 그의 조각들은 하나같이 적절한 균형과 비례를 갖추고 근육도 잘 발달해 이상적인 아름다움을 보여준다.

신예 조각가로 주가를 올리고 있을 무렵 도나텔로는 산타 크로체 성당의 예배당에 놓일 나무 십자가상을 의뢰 받는다. 십자가에 매달린 예수를 공들여 조각하고는 마음에 들었는지 평을 듣고 싶었다. 그래서 마침 찾아온 브루넬레스키에게 자랑하듯 선보였는데

도나텔로, 예수상, 1420년경, 168㎝, 산타 크로체 성당 (Photo by Sailko)

예상과 달리 브루넬레스키의 입에서 이런 말이 나왔다.

"뭐야, 예수님이 아니라 농부야, 농부."

도나텔로는 예상과 전혀 다른 반응에 당황하기도 했지만 화가 치밀었다. 다른 사람 같았으면 바로 부숴버렸을 것이다. 하지만 평소 도나텔로가 말을 듣는 유일한 두 사람이 있었으니 바로 그가 주군으로 모시던 코시모와 '형님' 브루넬레스키였다. 애써 화를 참으며 한마디 쏘아 붙였다.

브루넬레스키, 예수상, 1410~1415년, 170㎝, 산타 마리아 노벨라 성당 (Photo by Sailko)

"농부라고! 좋아, 그럼 어디 형님이 한번 만들어보시든가!"

그러고는 식식거리며 밖으로 나가버렸다. 남겨진 브루넬레스키는 어이없어 하면서도 골똘히 생각에 잠겼다.

그리고 며칠이 지났다. 어느새 그때의 일을 까마득하게 잊은 도나텔로와 만난 브루넬레스키가 말했다.

"도나텔로야, 오늘 같이 저녁 먹을래?"

"좋아요, 형님."

같이 저녁거리를 사다가 브루넬레스키의 집으로 가는 길이었다.

"나 어디 좀 들렀다가 갈 테니 니가 먼저 가 있어라."

도나텔로, 예언자 하박국(부분), 1423~1435년, 높이 195.6㎝, 두오모박물관 (Photo by Sailko)

브루넬레스키의 집은 이 층에 있었다. 아무 영문도 모르는 도나텔로는 먹을거리를 들고 계단을 올라가고 있었다. 그때 계단에 놓인 것이 있어서 바라보다가 그만 정신이 아득해져 들고 있던 것들을 떨어뜨렸고 계단은 엉망이 되었다. 거기에는 나무 십자가상이 있었다. 브루넬레스키가 도나텔로 모르게 만든 것이었다. 며칠 동안 짬이 날 때마다 깎아서 만든 이 예수상은 도나텔로의 것과 많이 달랐다. 도나텔로의 작품은 인체의 이상적인 아름다움을 표현하는데 머문 반면 브루넬레스키의 작품은 실제 십자가에서 처형을 당한 예수의 고통이 고스란히 전해지는 매우 사실적인 묘사를 담고 있었다.

어느새 나타나 이 모든 장면을 보고 있던 브루넬레스키는 껄껄 웃으며 말했다.

"저녁거리 다 쏟았으니 뭘 먹나. 다시 뭘 좀 사와야겠다."

브루넬레스키가 뛰어난 조각가 출신이라는 걸 새삼 확인시켜주는 일화라고 할 수 있겠다. 그런데 이 일은 단순히 해프닝으로 끝나지 않고 도나텔로에게 큰 영향을 미친다. 겉으로 보이는 이상적인 아름다움만을 추구하던 그가 점차 대상의 내면을 생각하게 되었고 이후 한 차원 다른 작품들을 만들어내는 계기가 된 것이다. 두오모박물관의 대표작인 〈예언자 하박국〉은 이후 그의 조각이 어떻게 진화하는지를 보여주는 예라고 하겠다.

도나텔로는 당시 피렌체의 실질적 지배자였던 코시모가 무척 아낀 조각가였다. 코시모는 도나텔로의 조각을 좋아했고 자신이 기획한 많은 프로젝트에 도나텔로의 조각을 쓰고 싶어 했다. 아무리 중요한 일이 있어도 도나텔로와 상의할 일이 있을 때는 약속을 뒤로 미뤘다고 한다. 도나텔로가 의뢰인들과 자꾸 마찰을 빚자 제법 큰 농장을 주고 자신과 함께 하는 일들에 전념할 수 있게 배려하기도 했다. 도나텔로도 자신을 인정해주는 주군을 위해 열심히 일했다. 그리하여 메디치 저택은 물론 피렌체

도나텔로, 청동 다비드 상, 1430~1432년, 높이 158㎝, 바르젤로국립미술관

산 조반니 세례당 내부

의 중요한 건물마다 그의 작품들이 자리했다. 도나텔로는 청동상으로도 기념비적 작품을 남겼다. 바르젤로국립미술관에 전시된 다비드 상은 기베르티의 청동상을 능가하는 아름다움을 보여주었고 파도바에 머물던 시절 만든 가타멜라타 기마상은 고대 로마 이후 명맥이 끊어졌던 대형 청동 기마상을 되살렸다는 점에서 큰 의미가 있다.

도나텔로는 비교적 장수했고, 메디치 가문 사람들만이 묻힐 수 있다는 산 로렌초 성당에 묻혔다. 자신보다 2년 전에 죽은 주군의 무덤 바로 곁에. 코시모의 유언이 있었을 것이다. 이는 두 사람의 신뢰가 얼마나 깊었는지를 짐작케 한다.

피렌체 일정 마지막 날 이른 아침, 산 조반니 세례당을 다시 찾았다. 산 조반니 세례당은 피렌체에 남아 있는 건물 중 가장 오래된 건물이다. 고대 로마 신전에서 유래했으며 11세기에 다시 지어졌다. 세례를 받는 곳이라 피렌체 사람들에겐 의미 있는 건물인데, 이 건물이 유명해 진 건 15세기 들어 기베르티가 제작한 청동문이 달리면서부터다.

지난 번에 청동문을 보았으니 이번엔 내부를 살펴볼 차례다. 피렌체의 유명한 사람들 모두 이곳에서 세례를 받았다고 하는데 실제로 들어와보니 엄숙한 분위기가 뭔가 달랐다. 큰 반향을 일으킬 것만 같아 작은 소리를 내는 것도 조심스러운데 물끄러미 위를 보니 황금 바탕에 섬세한 모자이크로 그려진 성인들의 이야기가 끝없이 펼쳐져 있었다.

두오모 박물관이 보수 중이라 도나텔로의 작품을 많이 보지 못해 아쉬웠는데 이곳에 작품 세 점이 진열되어 있었다. 가까이에서 보니 도나텔로의 거침 없는 손길이 그대로 느껴진다. 고대 로마 시대 작품이라고 해도 믿을 만큼 기백이 넘친다. 박물관이 문을 닫고 있으니 전시 작품 중 일부는 해외 출장을 가고 나머지는 모두 쉬고 있을 텐데 그래도 이 예언자들은 세례당으로 나들이를 왔다. 그저 고맙다고 할밖에.

도나텔로 예언자들. 왼쪽부터 수염 없는 예언자, 수염 기른 예언자, 예레미아 예언자, 205.5㎝, 두오모박물관. 오랜 세월 두오모 성당을 장식하고 있다가 부식과 파손을 염려해 두오모박물관으로 옮겨져 보관 중이다.

그가 그린 모든 것은 살아 숨 쉬었다

르네상스 회화의 시작을 살펴볼 차례다. 아르노 강을 건너 좁은 골목길을 걸었다. 성당 앞 광장에 서서 잠시 가슴을 진정시킨다. 마사초를 만나러 온 것이다. 하늘이 매우 푸르고 구름이 아름다웠다. 몇 장의 사진을 찍고 성당으로 들어섰다. 비수기라고 해도 늘 사람이 북적이는 곳. 이른 아침을 선택한 것은 옳았다. 브랑카치 예배당으로 들어서니 마솔리노와 마사초가 남겼다는 '그 벽화'가 우리를 기다리고 있었다. 우리 일행보다 먼저 온 몇 명의 외국인들이 한참을 감상하다가 나가고 드디어 예배당은 우리 차지가 되었다. 그림 하나 하나 눈에 담고 또 담고, 사진으로도 담고 또 담았다. 마사초의 이야기를 들려주니 함께 간 일행이 그림을 보는 태도가 달라졌다. 이 피렌체 변방의 한 성당에 걸린 그림이 그리도 중요한 그림일 줄 전혀 몰랐기 때문이다.

산타 마리아 델 카르미네 성당. 폭이 좁고 전면 파사드 장식도 없어 그리 인상적이지 않을지 모른다. 하지만 이탈리아의 성당은 겉모습만으로 판단하면 안 된다. 이 성당 역시 내부는 화려하고 아름답다. 게다가 르네상스 최고의 걸작을 보유하고 있으니 어찌 오지 않을 수 있겠는가. 옆으로 진한 핑크빛 휘장이 보이는데, 매표소 입구다.

1422년 브루넬레스키는 두오모 쿠폴라 공사를 맡아 기초공사에 전념하고 있었고, 도나텔로도 주군인 코시모를 도와 많은 작품을 만들고 있었다. 이 해에 피렌체로 이사 온 한 '촌놈'이 있었다. 화가를 꿈꾸던 이 청년은 톰마소가 본명이지만 야무지지 못하고 덜렁대는 성미라 마사초(어리숙한 톰마소)라고 불렸다. 마솔리노라는 화가를 돕곤 했는데 이를 계기로 브루넬레스키의 공방에서 함께 어울리게 되었다.

하루는 마솔리노가 마사초를 데리고 산타 마리아 델 카르미네 성당으로 갔다. 성당 제단 오른편으로 큰 예배당이 있었는데 이는 브랑카치 가문의 가족 예배당이었다. 이 예배당의 벽면에 이 가문의 수호성인인 베드로의 일대기가 막 그려지고 있었다.

"마사초야, 너 큰 벽화 그려보고 싶다고 했잖니. 이번에 좋은 기회가 될 테니 같이 그려보자."

"네, 좋아요. 바로 시작하면 되나요?"

그렇게 일을 시작했는데 같이 그리자고 했던 마솔리노는 다른 일을 한다며 슬금슬금 빠지더니 결국은 아예 나오지 않았고 결국 마사초가 나머지 그림을 그리게 되었다. 여기에는 사연이 있었다.

브랑카치 가문은 13세기 말 피렌체로 온 후 비단 장사로 막대한 돈을 벌어들인 이른바 졸부였다. 가문의 수장은 펠리체 브랑카치로, 그는 막 정치에 발을 들여놓고 여러 잘나가는 귀족 가문과 관계를 맺는데 열중하고 있었다. 당시 피렌체는 가족 예배당을 장식하는 붐이 일었는데 그도 피렌체 중심에서 멀리 떨어진 산타 마리아 델 카르미네 성당에 가족 예배당을 얻어둔 상태였다. 성당과 수도원에서는 돈 많은 가문에게 별도의 가족 단위 예배당을 할당해주고 때론 묘자리도 내어주면서 그 대가로 막대한 헌금을 받는 것이 쏠쏠한 수입원이었다. 귀족들로서도 주요 성당의 중앙 제단에서 가까운 예배당을 가지는 것이 가문의 명예라고 여겼기에 성당을 새로 짓거나 개축할 때마다 자리경쟁이 치열했다고 한다. 그뿐 아

산타 크로체 성당의 내부. 내부는 높이 장식된 중앙 제단과 그 옆으로 이어진 귀족 예배당들이 보인다. 중앙 제단의 바로 오른쪽 예배당이 13세기 피렌체 최고의 갑부였던 바르디 가문의 예배당이다. 당대 최고의 화가이던 조토의 벽화가 그려진 것으로 유명하다

니었다. 가족 예배당을 얼마나 멋지게 장식하느냐도 가문의 명예를 건 매우 중요한 문제였다. 그래서 가문마다 몸값이 비싼 화가들을 모셔다가 예배당을 꾸미는 데 돈을 아끼지 않았다.

그런데 이제 겨우 피렌체 정계에 발을 들이민 펠리체 브랑카치는 다른 가문들처럼 돈으로 경쟁할 형편이 못 됐다. 짧은 기간에 많은 돈을 벌긴 했지만 기록에 보면 그는 당시 피렌체 부자 서열 500위에도 들지 못했다. 게다가 막중한 임무까지 맡은 처지였다. 당시 밀라노의 침공이 목전에 있는 상황이라 피렌체는 혼란기였는데 귀족들은 신참인 펠리체 브랑카치에게 전쟁 자금을 조달하는 임무를 주었다. 그 일로 눈코 뜰 새 없이 바쁘기도 했지만 전쟁 자금을 융통하느라 돈은 늘 부족했기 때문에 자금 여력이 없었다. 하지만 오랫동안 방치된 가족 예배당을 더 이상 놔둘 수는 없었다. 그래서 몸값이 낮은 화가를 물색했는데 그가 마솔리노였다.

벽화는 진전을 보였지만 약속된 날 수당이 지급되지 않는 것이

마사초의 벽화를 볼 수 있는 브랑카치 예배당. 중앙 제단화를 중심으로 좌우로 가문의 수호성인인 베드로의 일대기가 그려져 있다.

마사초, 성전세, 1424~1428년, 255×598㎝, 산타 마리아 델 카르미네 성당 브랑카치 예배당
그림에서 베드로가 아주 바쁘다. 한 가운데에서 성전세를 요구받은 예수가 옆에 있는 베드로에게 물고기 한 마리를 잡아오게 한다. 그림 왼편을 보면 물가에서 베드로가 물고기를 잡고 있다. 그 입을 벌리니 그 안에서 은화가 한 닢 나왔다고 한다. 어느새 오른편으로 온 베드로가 세금을 건넨다. 무리의 맨 오른편에서 붉은 옷을 입고 예수를 보고 있는 사람이 화가인 마사초로 추정된다.

문제였다. 당시에는 물감이 매우 비쌌기 때문에 정해진 날에 수당을 주지 않으면 화가는 그림을 그릴 수 없었다. 하지만 바쁘고 돈이 없는 펠리체 브랑카치는 마솔리노를 만나주지 않았다. 수당 지급이 자꾸 미뤄지자 마솔리노는 자기 살길을 찾기로 생각했고 그래서 어리숙한 마사초를 데려온 것이다.

마사초는 돈에 대한 개념이 없었다. 그냥 큰일을 맡게 되어 좋았고 자기 돈으로 물감을 사서 계속 그림을 그렸다.

그런데 마사초의 그림이 윤곽을 드러낼 무렵부터 사람들이 와서 그림을 구경하기 시작했다. 특히 상단에 그려진 〈성전세〉가 완성 이전부터 사람들의 입소문을 타기 시작했다.

이 그림은 과거에 그려진 그 어느 그림과도 달랐다. 벽면 뒤로 끝 없는 공간이 펼쳐지고 멀어질수록 작게 보이는 비례가 정확했다. 등장인물들은 그야말로 땅에 발을 디디고 제대로 서 있었다.

또한 풍성한 대기가 공간을 가득 채우고, 밝고 어두운 대비가 선명했다. 미술이 있었던 이래 처음으로 완벽한 원근법으로 그려진 그림이 탄생한 것이다.

입소문은 빠르게 퍼졌고 매일 많은 인파가 몰려와 이 새로운 그림을 감상했다. 무명의 화가 지망생에 불과했던 마사초는 이 그림을 통해 단박에 피렌체 예술계의 스타로 발돋움한다.

그런데 경력도 없던 마사초가 어떻게 원근법을 완벽하게 마스터할 수 있었을까? 그건 그에게 원근법을 알려준 사람이 있었기 때문이다. 다름 아닌 브루넬레스키다. 그는 독학으로 건축을 공부하면서 조감도를 그리다가 자연스럽게 원근법의 원리를 깨우친 것으로 보인다. 어려서 수학과 기계장치 만드는 데 재능을 보였던 그는 자신의 이론을 체계화하는데, 평소 동료들에게 가르쳐주는 걸 좋아하다 보니 입만 열면 원근법에 대해 이야기했다고 한다. 너무 많이 듣다 보니 함께 어울린 알베르티는 원근법의 이론을 정리해 《회화론》이라는 책을 썼고, 브루넬레스키가 말한 대로 그림을 그려보던 마사초는 원근법을 자연스럽게 체득하게 되었다.

마사초가 그린 그림의 의미는 이것으로 그치지 않는다. 예배당 정면 우측 상단에 있는 〈새 개종자들에게 세례를 주는 베드로〉를 보자. 파란 내복에 노란 외투를 두른 베드로가 물로 세례를 주는 장면이다. 입은 옷을 보니 한 겨울이다. 그러니 얼마나 추웠겠는가. 지금 물속에 들어가 세례를 받는 이도 얼어 있지만 그보다는 뒤편에 팔짱을 끼고 있는 사내의 반응이 심히 노골적이다. 이 그림은 수도사들로부터 불경하다는 지적을 들었다. 세례가 주어지는 엄숙한 순간을 어떻게 이렇게 그릴 수 있느냐는 것이다. 이에 대해 마사초는 심드렁하게 대답했다고 한다.

"기록에 추운 겨울이었다고 합니다. 제가 세례를 받는다 해도 저럴 수밖에 없었을 것입니다."

이 그림은 예나 지금이나 의미를 포착한 관람객에게 웃음을 준다. 그런데 이면에 담긴 메시지는 의미심장하다. 즉 이제 더 이상 종교에 지배당하지 않겠다는 예술가의 선언이 담긴 것이다. 물론 마사초가 교회에 맞서 저항할 뜻을 품고 일부러 이렇게 그렸으리라 생각되지는 않는다. 그는 그저 자연스럽게 인간다움을 표현하고 싶었을 뿐이리라. 원근법을 제대로 구현했다는 점 외에도 그의 그림이 르네상스의 시발점이 되는 이유는 바로 이 점 때문이다. 그의 그림 속에는 등장인물이 오직 신앙의 증거로서만 존재하지 않는다. 그들은 자신이 현재를 살고 있는 인간임을 밝힌다. 추울 땐 춥다고 하고, 의구심이 들 땐 의심하고, 괴로울 땐 오열한다. 이로써 몸은 지상에 있지만 영혼은 천국에 유배된 그림 속 인간들이 마사초의 손에 의해 자신의 영혼을 되찾게 된다.

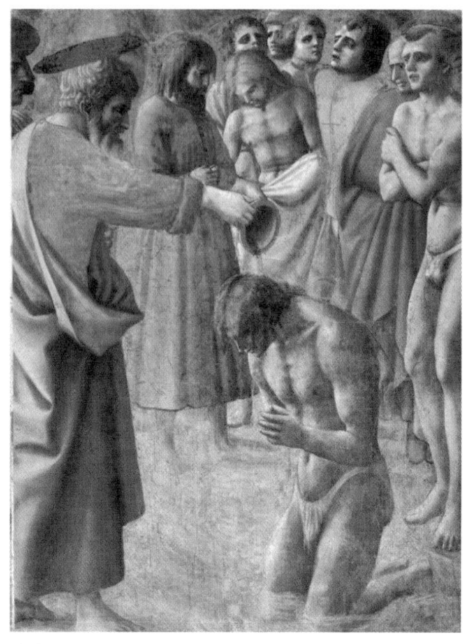

마사초, 새 개종자들에게 세례를 주는 베드로,
1426년, 255x162㎝, 브랑카치 예배당

마사초는 산타 마리아 노벨라 성당에서도 만날 수 있다. 성당 안으로 들어가면 왼편에 조명을 받은 〈성 삼위일체〉 그림이 보인다. 그저 평면인데 마사초는 붓만으로 공간을 만들어냈다. 가장 단순하고 쉬운 소실점 구도로 그려진 이 그림은 이후 미술을 공부하는 이라면 무조건 그려야 하는 교본이 되었다. 그중에는 다 빈치도, 미켈란젤로도 당연히 포함된다.

마사초, 성 삼위일체, 1425~1428년, 667×317㎝, 산타 마리아 노벨라 성당

마사초는 이 그림에 4개의 공간을 겹쳐 두었다. 기증자 부부가 있는 바닥에서 한 칸 안에 마리아와 사도 요한이 있고 그 안에 십자가에 달린 예수가 있으며 그 뒤로 성부가 서 있는 구조이다.

마사초는 그 뒤로 바쁜 나날을 보낸다. 여기저기 불려 다니며 많은 그림을 그렸다. 많은 보수를 받았지만 관리는 되지 않았다. 남들에게 빌려주고 떼이기 일쑤였고 스스로도 절제하지 못하고 돈을 썼다. 많은 일을 맡아 하던 도중에 로마로 놀러 갔던 마사초는 돌아오지 못했다. 의문의 죽음을 당한 것이다. 스물일곱 살이었다. 일설에 따르면 검시할 때 혀가 검은색이었다고 한다. 독살당한 것일까? 많은 이가 그렇게 믿지만 확인된 사실은 아니다. 그의 죽음은 많은 이에게 안타까운 소식이었다. 미술사에서도 참 아까운 천재를 너무나 일찍 잃은 셈이다. 누군가가 그의 죽음을 애도하며 남긴 글이 있다.

"그가 그린 모든 것은 살아 숨 쉬었다."

피렌체를 대표하는 성당의 하나인 산타 마리아 노벨라 성당. 성당 정면 장식인 파사드가 인상적인데, 이 파사드는 브루넬레스키 일당 중 하나인 알베르티의 작품이다. 알베르티는 성당의 얼굴을 고대 로마의 문양으로 가득 채워두었다. 인문주의 열풍의 절정이던 상인의 도시 피렌체였기 때문에 가능했지 다른 도시였다면 종교적으로 문제가 되었을지도 모른다.

브루넬레스키의 기적

브루넬레스키와 그 일당의 이야기를 하나하나 만나보면서 머리 속에 자연스럽게 떠오르는 단어는 '도전'이다. 이들은 남에게 머리를 숙이거나 타협하지 않는 이른바 '무식한 도전자'들이었다. 우리는 작품에 토를 다는 사람 앞에서 바로 작품을 부숴버렸던 도나텔로를 기억한다. 그리고 교회의 지적에도 굴하지 않고 인간 본연의 모습을 그림에 담으려 했던 마사초도 떠올릴 수 있다. 하지만 이 일당 중에서 자신의 일생을 통해 우리에게 가장 큰 영감을 주는 도전자는 다름 아닌 이 그룹의 리더 브루넬레스키일 것이다.

다시 1401년으로 돌아가 어떤 가정을 해보고 싶다. 공모전에서 보조 작업자를 맡아달라는 제안이 있었을 때 브루넬레스키가 이를 수락했다면 어땠을까. 그랬다면 꽤 돈도 벌어서 자신의 공방을 꾸리는 데 별 어려움이 없었을 것이다. 건축을 한답시고 그 오랜 시간 고생하지 않아도 되었을 테니 여러 모로 얼마나 좋은가. 하지만 그 대가는 분명해 보인다. 좋은 게 좋다는 식으로 발주자의 요구를 잘 수용하는 기베르티와는 달리 브루넬레스키는 늘 자기 식대로 일하는 타입이었다. 그러니 이 둘이 의견이 맞겠는가. 아마도 매일 싸웠을 것이다. 하지만 본래 우리의 일상이 이런 식이 아닐까? 대부분의 경우라면 마음 맞지 않는 사람과도 적당히 타협하면서 스트레스 쌓이면 풀면서 사는 게 보통이다. 기베르티는 수완이 좋아 인맥 관리를 잘했고 돈 되는 일은 싹쓸이 하다시피 해서 실제로도 자기 분야에서는 죽을 때까지 피렌체 최고의 자리에 있었다. 하지만 2인자면 어떤가. 혹은 그 아래면 또 어떤가. 머리 숙이고 기베르티에게 일을 얻어서 하든지 아니면 소소한 일들을 하면서 기회를 엿보면 되는 일이다. 하지만 브루넬레스키는 자존심을 선택했다. 머리 숙이고 2인자로 살아가는 삶 대신 '1인자 브루넬레스키'를 향한 도전에 나선 것이었다.

그럼 다른 가정을 해보고 싶다. 브루넬레스키가 로마로 가지 않고 파리나 브뤼셀로 가서 건축을 배워왔다면 어땠을까. 국제 고딕 양식이 전 유럽의 표준으로 자리 잡고 있던 시기이니 말하자면 '대세'를 따르는 셈이 되겠다. 그랬다면 17년이나 되는 세월을 허비하지 않고도 몇 년 만에 유학을 마치고 돌아와 여러 공사를 맡아 일을 할 수도 있었을 것이다.

하지만 여기서 우리는 그가 굳이 로마로 간 이유가 무엇인지 떠올려볼 필요가 있다. 그는 로마 유학의 전도사였다. 스스로 오랜 세월 유학생활을 했지만 자신이 아끼는 많은 이에게 비록 폐허에 불과할지라도 고대 로마를 열심히 공부하라고 강조했다. 이는 그가 고대 로마가 이룩한 문명이 얼마나 위대했는지 정확히 이해하고 있었음을 말해준다. 그는 재현할 수만 있다면 과거 야만족으로 불렸던 고트족의 양식보다는 자신들의 조상이 이룩했던 문명이 훨씬 더 많은 호응을 얻으리라는 것을 꿰뚫어보고 있었다.

그가 로마로 간 또 하나의 이유가 있다. 그는 피렌체의 오랜 숙원인 두오모 쿠폴라를 자신의 손으로 완성하고 말겠다는 포부를 갖고 있었다. 이미 많은 고딕 건축가들이 고개를 저으며 불가능하다고 했던 구조물. 브루넬레스키는 답이 로마에 있다는 것을 알고 있었다. 고대인들은 거대한 돔을 아주 쉽게 만들었기 때문이다. 그런데 문제는 고대에 지어진 건물이 거의 다 부숴졌고 그것을 지은 방법과 노하우가 완전히 없어졌다는 것이다. 학교는 물론 기술

기베르티, 천국의 문, 1425~1452년, 599×462㎝, 산 조반니 세례당

을 가진 장인도 있을 턱이 없었다. 하나부터 열까지 자기 힘으로 모든 것을 알아내야 한다는 것인데, 보통 사람이라면 여기서 포기했을 것이다. 하지만 브루넬레스키는 '도전'을 외쳤다. 어차피 혼자 독학으로 해결할 문제. 가르쳐줄 선생이 없다면 시간이 많이 걸리더라도 하나씩 알아가면 되고, 땅 위로 남아 있는 건물이 별로 없다면 땅을 파서라도 보면 된다. 이런 마음이었던 것이다.

창조는 타협하는 것이 아니다. 세상에 없던 무언가가 만들어지는 일이니 익숙한 것들과는 완전히 다른 생각과 아이디어가 필요

파리 노트르담 대성당. 고딕 양식의 대표적 건물이다.

하다. 브루넬레스키와 그의 일당들은 창조성의 가장 첫 단계가 다름 아닌 태도의 문제라는 것을 보여준다. 자기 생각대로 해보기 위해서는 많은 어려움과 만나야 한다. 주위의 몰이해와 선입견도 장벽이 된다. 하지만 르네상스의 선구자들을 보면 세상의 모든 핑계가 갑자기 초라해진다. 이들의 강력한 무기는 수학적 사고력이다. 이를 통해 원근법이 창조되었고 전혀 새로운 차원의 예술을 선보이면서 철옹성과 같던 국제 고딕의 시대를 허물어버렸다. 이들이 걸어간 길은 예전에 있던 길이 아니라 전혀 새로운 길이었다. 이들은 도전했고 어려움을 당연히 받아 들였다. 그리고 묵묵히 갔다. 남들은 길이 없다며 말렸다. 하지만 누가 뭐라 하든 그래도 갔다. 그러자 길이 없던 곳에 새로운 길이 생겼다. 무식한가? 이런 태도

브루넬레스키가 설계한 산토 스피리토 성당. 르네상스 초기 건축의 대표작으로 절제된 외관과 질서 있게 구현된 내부가 조화롭다. 17년의 어려웠던 시기를 지나 성공의 정점을 달리던 그는 이 즈음 어떤 마음이었을까?

로 들이대는 이들 앞에 불가능은 슬그머니 사라져버렸다.

길이 보이지 않는 시대다. 이럴 때일수록 가장 기본적인 것부터 점검해보자. 우리의 태도에 문제가 있었던 것은 아닐까? 지레 안 된다고 물러서고만 있었던 것은 아닐까? 남들 흉내 내다가는 이도 저도 아닌 평범한 낙오자가 되기 쉬운 세상이 오고 있다. 도전하자. 이 시대엔 브루넬레스키와 그 일당 같은 도전자가 정말 많이 필요하다. 길을 만들어줄 사람은 하늘에서 툭 떨어지지 않는다. 바로 우리 스스로가 길을 내야 한다.

브루넬레스키를 찾아서

꿀구라에 이끌려 피렌체 두오모 주변을 걸었다. 올려다보니 쿠폴라의 오라가 더욱 강렬하게 느껴졌다. 범상찮은 남성 조각상이 눈에 띄었다. 뭔가를 적고 있었으며 그의 시선은 두오모의 쿠폴라를 향했다. 누굴까? 바로 브루넬레스키이다. 대머리에 곱슬머리, 미간에 굵은 주름과 실눈을 하고 뭔가를 째려보는 고집쟁이에 꼴통 포스가 역력했다. 피렌체 두오모 성당은 피렌체 사람들의 자존심이었고, 한 세기의 숙원이 브루넬레스키에 의해 완성되었다. 역시 세상은 다수가 아닌 별난 소수에 의해서 변한다는 말의 의미를 공감할 수 있었다.

피렌체의 자존심을 세워준 고집 센 예술가의 포스가 그대로 담긴 조각상이다. 대부분의 거장은 우피치미술관 기둥을 지키고 있지만 부르넬레스키는 그곳을 마다했다. 그의 굵은 다리를 부각하려고 와이드 렌즈로 왜곡했다. 학문의 깨달음을 위해 현장에서 잔뼈가 굵은 다리를 표현하고자 했다. 다리는 실행력을 나타내기 때문이다. 기베르티와의 대결에서 2인자에게 주어지는 안정된 삶을 거부하고 로마로 떠났던 결단력, 오랜 시간 내공을 쌓으며 두오모 성당의 쿠폴라를 완성하기까지의 지속성에 존경을 표한다. 고난의 길을 선택한 그의 의지를 닮고 싶다. 아무나 할 수 없는 일이기에 그가 했을 것이다.

피렌체 골목을 거닐고 있을때 누군가 조용히 부르는 소리가 들렸다. 뒤를 돌아보니 브루넬레스키의 역작, 두오모 성당이 보였다. 나는 그가 완성한 선원근법을 활용하여 사진을 찍었다. 하얀 실선

이 서서히 멀어져 보이도록 하는 선원근법을 통해 그와 만나는 데 성공했다. 우뚝 선 조토의 종탑, 살짝 얼굴을 보이는 쿠폴라는 그를 닮아 있었다. 어려운 만남이었지만 서서히 친근함을 느꼈다.

피렌체를 수놓은 섹시한 지붕들과 기분 좋은 파란 하늘이 아직도 눈에 선하다.

기념 촬영의 의미를 재정립하다

바라보다는 '바라다'와 '보다'의 합성어다. 바라보는 건 그냥 보는 것이 아니라 간절한 바람으로 보는 것이다. 간절함이 사물을 몰입해서 보게 해준다. 사진에 접목해보면, 그냥 찍기와 간절한 사진 찍기로 나눌 수 있다. 그냥 찍기는 찍는 순간 쓸모없다. 시간 낭비다. 가뜩이나 짧은 인생, 사진 찍으며 낭비할 일 있나.

성당 안의 세 사람이 퍼포먼스라도 하듯 어딘가를 향해 다른 포즈를 취하고 있었다. 연출은 아니었고, 단지 예견했을 뿐이다. 하루 종일 걷다보면 당연히 앉고 싶고, 좋은 장면을 보면 찍고 싶은 게 당연하다. 그러나 사람마다 세상을 바라보는 시각이 다르 듯, 프레임 속에 넣으려는 내용도 다르다. 내용이 다르다면 찍는 자세도 당연히 달라진다.

사진 찍기는 바라보는 것이다. 이들이 보려는 건 벽화였지만 결

국은 벽화를 그린 예술가를 향한 것이다. 이들의 카메라는 현재가 아닌 과거의 존재를 바라보고 있다. 질문 하나, 이 사진은 기념 촬영일까, 아닐까? 당연히 기념 촬영이다. 우리는 보통 기념 촬영이라 하면 모두가 서서 카메라를 바라보고 찍는 것을 연상한다. 일종의 선입견이랄까. 기념 촬영이란 소중한 무언가를 공유한 이들이 같은 시간 같은 공간에 함께 있었음을 남기는 것이다. 세 명의 사진사들은 자신들이 찍히는지도 몰랐다며 자연스러우면서도 의미 있는 사진이라고 감탄사를 연발했다. 잊을 수 없는 순간, 그때의 감동이 밀려온다고. 카메라를 빤히 바라보며 짓는 표정으로는 이런 감동을 줄 순 없다. 이제부터 기념 촬영은 그들이 몰입한 순간을 잡아내는 것으로 정하자!

방투 산에서 발견한 인간의 길

1336년이니 중세 말엽이다. 30대의 시인 페트라르카는 동생과 하인을 데리고 프랑스에 있는 방투 산(Mont Ventoux)에 올랐다. 그는 성직자였고 로마 명문가인 콜론나 가의 조반니 추기경을 섬기며 사절 등의 임무를 수행했는데 문학에 전념할 수 있을 만큼 시간 여유가 많았다. 그는 고전에 관심이 많았고 고전에서 알게 된 고대인의 삶과 문화에 매료되었다. 곧 중세라는 답답한 시대에 대한 문제의식을 갖게 되었고 어떻게 하면 고대 문명을 되살리고 사회를 바꿔나갈 수 있을지 늘 고민하던 중이었다.

라오콘 군상, 기원전 40~20년경, 높이 242㎝, 바티칸미술관.
신들의 노여움을 산 신관 라오콘이 두 아들과 함께 뱀에 물려 죽는 장면이다. 14세기 시작된 고대 문물에 대한 열광은 15세기 말 라오콘이 발굴되면서 절정을 이뤘다. 여러 책에서 고대 그리스의 걸작으로 소개된 라오콘이 실제로 발굴되자 사람들은 마치 중세가 지워지고 고대와 이어져 하나가 된 듯 환호했다.

특이한 암석으로 되어 있어서 멀리서도 쉽게 눈에 띄는 이 방투 산은 정상에 서면 프로방스가 한눈에 내려다보일 만큼 높다. 힘들게 정상에 오른 페트라르카는 경치를 감상하다가 막 읽기 시작한 아우구스티누스의 《고백록》을 펼쳤다. 인쇄술이 발명되기 전이라 책이 매우 귀했다. 14세기가 되면서 그리스와 로마의 고전이 하나둘 발견되었는데 그 가치가 알려지면서 고전 발굴 붐이 일었다. 이 《고백록》도 정말 우연히 그의 손에 들어온 것이었다. 멋진 경치에 흥에 겨운 가운데 책을 펼친 페트라르카. 하지만 그는 바로 얼어붙고 말았다. 그러고는 책을 덮고 바로 산을 내려오면서 아무 말도 하지 않고 내내 생각에 잠겼다. 그가 읽었다는 한 구절이다

사람들은 높은 산과 바다의 거센 파도와
넓게 흐르는 강과 별들을 보며 놀란다.
그러나 정작 스스로에 대해서는 깊이 생각하지 않는다.

그는 산에서 내려와 자신의 마음속에 밀려온 생각들을 정리했다. 21세기스럽게 우리에게 익숙한 말로 그의 생각을 풀어보면 이런 이야기 정도가 될 것이다.

그간 라우라를 생각하며 절절한 사랑의 시를 써 많은 이의 찬사를 받았다. 또한 고전을 읽고 알게 된 고대 문명을 모델로 사회의 근본적 변혁을 꿈꿔왔다. 하지만 이 둘은 하나로 이어지지 못했고 연결 고리가 빠진 듯 답답했다. 그런데 아우구스티누스의 한 마디를 통해 그것이 무엇인지 알게 된 듯 했다. 그건 바로 '나 자신'이었다. '정작 스스로에 대해서는 깊이 생각하지 않던 나 자신'이었다. 그렇다. 고대 문명이 그토록 찬란할 수 있었던 것은 '나 자신'을 분명히 자각했기 때문이다.

교회의 가르침대로 사는 삶이란 무엇인가? 그것은 내세의 삶을

우피치미술관 1층에 있는 페트라르카 조각상

위해 현재의 삶을 희생하는 것이다. 본래 천국에 있던 인간은 그곳으로 돌아가야 한다. 그러므로 천국에서 영원히 살기 위해 이승에서의 '나 자신'을 온전히 신에게 맡겨야 하는 것이다. 그래야 한다고 믿고서 살아온 지 어느새 천 년. 중세는 여전히 공고하기만 하다.

하지만 고대 사람들은 어떠했는가. 그들은 현재를 살았다. 그럴 수밖에 없었기 때문에. 대신 죽음에 대한 두려움으로 인해 그들은 '나 자신'에 대해 깊이 성찰해야 했다. 그렇게 해서 그들은 현재를 살아가기 위한 명확한 가치관을 만들어냈다. 그건 그리스 말로 아레테Arete라는 것이었다. 아레테는 탁월함을 말한다. 누구나 자신의 내면에는 무한한 잠재력이 있다. 각자에게 주어진 잠재력이 같을 수는 없다. 그러므로 우리에겐 자기만의 잠재력을 찾아 탁월함에 이를 때까지 부단히 노력해야 할 책무가 있다.

그렇다. 아레테를 추구하는 삶이어야 한다. 철학자도, 시인도, 학자도 물론이지만 화가도, 조각가도, 건축가도, 음악가도 탁월함을 추구해야 한다. 때론 남들이 가지 않은 거친 길을 가며 예기치 못한 어려움에 혹독하게 고생할 수도 있을 것이다. 하지만 그것이 아레테로 가는 길이라면 그 길을 가야 한다. 그럴 때 비로소 '나 자신'으로 살아갈 수 있게 된다. 그것을 모두가 마음속에 당연히 받아들여야 한다. 그럴 때에야 페리클레스 시대의 아테네가 보여주었듯 세상은 창조의 열기로 가득 찰 것이다.

페트라르카는 중세를 암흑의 시대로 정의했다. 그건 그 당시 새로 발굴된 고대의 문화가 그의 눈에 너무나 찬란해보였기 때문이다. 그는 중세 사회의 문제가 교회의 지배 아래 인간의 창조성이 억압되는 데에서 만들어진다고 보았다. 그렇기 때문에 중세를 극복하고 고대의 역동성을 회복하기 위해서는 무엇보다 고전 학문의 부흥이 필요하다고 믿었다. 고전 학문을 통해 고대의 가치관이 복

원되고 모두가 '나 자신'을 되찾고자 할 때 세상의 값진 지식과 창조력이 다시 살아날 수 있다고 본 것이다.

이러한 통찰과 고전 학문 부흥에 쏟은 열정으로 페트라르카는 르네상스의 선구자로 인정받았다. 그에 앞서 단테가, 그 뒤를 이어 보카치오가 함께했던 피렌체의 인문주의 운동은 명맥이 계속 이어지다가 15세기에 이르러 마침내 찬란한 꽃을 피우게 된다. 그러고 보면 르네상스는 14세기에 이미 단단하게 싹을 틔우고 있었던 셈이다.

2
Firenze

피렌체 Firenze,
보티첼리를 만나다

보티첼리의 사람들

피렌체 르네상스 1세대의 뒤를 이은 2세대 선두주자는 보티첼리였다. 그는 피렌체 인문주의 운동의 싱크탱크였던 플라톤 아카데미에 열렬히 참여하면서 배운 고전 지식을 소재로 많은 그림을 남겼다. 이들을 후원한 가문은 메디치 가문이었다.

산드로 보티첼리(1445~1510) 미려한 선으로 여인의 아름다움을 묘사하는 데 탁월했던 화가. 종교화가 대세를 이루던 시대에 고대 신화를 미술에 도입한 공이 크다.

코시모 데 메디치(1389~1464) 탁월한 정치력과 겸손함으로 사후 피렌체의 국부로 추앙받은 인물. 고대의 영광을 재현하고 피렌체를 세계의 수도로 만들려는 야심가였다.

로렌초 데 메디치(1449~1492) 코시모의 손자로 젊은 시절부터 피렌체를 이끈 지도자. 위대한 자로 불렸고 할아버지의 뒤를 이어 문예를 후원하는 데 적극 나섰다.

기타
줄리아노 데 메디치와 시모네타 라벨라
마르실리오 피치노와 안젤로 폴리치아노

무엇이 우리 잠든 영혼을 일깨우는가.
그건 바로 아름다움이다.
불꽃으로부터 뜨거운 열기만
분리해낼 수 있는가?
불멸의 존재에 담긴 아름다움도 그럴 수 없다.

_ 단테 알리기에리

피렌체를 걷다,
_ 그 둘

피렌체를 걷는다. 정감 넘치는 골목들이 서로 만나고 또 헤어진다. 골목 어귀에서 두 미녀가 이야기를 나누고 있다. 그런데 갑자기 막구라가 이들에게 다가간다. 뭐라고 했는지 이들은 흔쾌히 모델이 되어준다. 낯선 이방인이 대화를 방해하면 쌀쌀맞게 대할 법도 한데, 환하게 미소 지으며 한쪽 다리도 살짝 옮겨 포즈까지 잡는 모습이 참 예쁘다. 이탈리아 다른 도시도 다녀봤지만 난 이곳

피렌체가 왠지 정감이 더 느껴진다. 사람들도 확실히 더 친절하고 말이다. 토스카나라는 지방의 특색일까 관광도시라서일까.

베키오 다리에서 시내 중심 쪽으로 걷다가 미완성된 그림 하나를 발견했다. 그리다만 그림 속에는 모나리자의 얼굴이 보였다.

다 빈치였다. 호기심 많던 그가 아직도 피렌체의 거리에서 새로움을 추구하고 있었다. 벽이 아닌 바닥에 그림을 그리던 중 또 다른 아이디어가 떠올라 다른 곳으로 떠나버린 것이 틀림없다. 현장에서 그를 만나기 전엔 그의 미완성을 탓했다. 그러나 그의 미완성은 완성하지 못한 것이 아니라 안한 것이라는 것을 알게 되었다. 다 빈치에게 미완성은 완성을 뛰어넘은 완벽함은 아니었을까? 한참을 기다렸건만 그는 돌아오지 않았다.

무엇에 홀린 듯 연신 셔터를 눌렀다. 손을 뗐는데도 '찰칵 찰칵'

아카데미아미술관을 나와서 브루넬레스키가 설계한 고아원 건물로 걷는 길이다. 이탈리아 특유의 파란 하늘과 노란벽에 비친 등불이 절묘하게 어울린다.

소리를 내며 춤을 추듯이 찍었다. 디지털 카메라에 찍힌 사진을 보았다. 하늘은 파랗고 담벼락은 노랗게 보였다. 바로 고흐의 작품 〈아를 포룸 광장의 카페 테라스〉가 떠올랐다. 그가 그린 연작임이 틀림없다. 고뇌했던 예술가, 미치광이 화가 고흐를 피렌체의 길거리에서 만나다니.

시공을 초월한 만남, 뻔한 일상에서도 사진은 다른 세상을 보여준다. 카메라는 환영을 통해 존재를 불러들이고 '있음'을 보여준다. 고흐가 세월을 거슬러 메디치 가문의 후원을 받았다면, 어떤 작품을 후세에 남겼을지가 궁금해졌다. 조각과 건축을 비롯한 다양한 분야에서 미친듯이 작품을 구상했을 것이란 생각을 해봤다. 물질만으로는 예술적 후견인이 될 수 없음을 인정하는 순간 밤하늘은 일상으로 돌아가버렸다.

동방박사의 경배 속 숨은 그림 찾기

보티첼리를 만나러 가는 여행은 우피치미술관에서 시작된다. 시뇨리아 광장 뒤로 아르노 강변에 위치한 이 미술관은 런던의 내셔널갤러리와 마드리드의 프라도미술관과 더불어 미술관으로는 첫 손에 꼽히는 미술관이다. 특히 르네상스 컬렉션으로는 단연 최고다. 그런데 매번 우피치미술관을 찾으면서 개인적으로 아쉬운 게 있다. 그건 시작부터 진을 빼게 만든다는 것이다. 맨 위층에서 관람이 시작되는데 한 층의 높이가 매우 높아 그 많은 계단을 오르고 나면 가쁜 숨을 쉬어야 한다. 일행 모두 엘리베이터 없느냐며 투덜댄다. 하지만 어쩌겠는가. 옛날엔 한 층 높이를 이리도 높게 지은 걸.

보티첼리 전시실은 우피치미술관이 자랑하는, 그래서 가장 붐비는 방이다. 걸작들이 이렇게 연이어 있으면 무엇부터 봐야 할지 참으로 난감하다. 어차피 다 봐야 한다면 사람이 별로 없는 그림부터 시작하는 것도 나쁘지 않겠다. 오른쪽 벽면에 그리 크지 않은 한 폭의 그림이 있다. 바로 〈동방박사의 경배〉라는 그림이다. 성서의 한 장면을 그린 것으로, 아기 예수가 태어날 때 동방의 지체 높은 세 명의 박사들이 밤하늘 별을 보고 찾아와 경배를 드렸다는 내용을 담고 있다. 왼편에 고대 로마 유적이 보이는 가운데 베들레헴 마구간 건물은 당장이라도 무너질 듯하다. 전면에 정말 많은 사람이 모여 있는데 이들은 그냥 그려진 사람들이 아니다. 모두 당대 피렌체에서 유명한 사람들인데 숨은 그림 찾기 하듯, 한 명씩 찾아보자.

먼저 그림의 정중앙에서 아기 예수의 발을 만지며 경배를 드리는 박사를 보자. 가장 중요한 자리를 차지한 이 인물이 바로 메디치 가문을 일으켜 세운 코시모다. 그 아래에 꿇어앉은 두 사람이 보인다. 입고 있는 의상으로 보아 역시 동방박사로 보인다. 이들은 코시모의 아들인 피에로와 조반니를 그린 것이다. 그림이 그려지던 당시 세 사람은 모두 고인이었고 이들의 뒤를 이어 피렌체를 실질적으로 통치하던 인물은 코시모의 손자 로렌초였다. 코시모의 등 뒤에 서서 화려한 옷을 입고 모자를 쓴 인물이 바로 그다. 그의

보티첼리, 동방박사의 경배, 1475년, 111x134㎝, 우피치미술관

반대편에 검은 옷이 돋보이는 멋진 청년은 로렌초의 동생 줄리아노다. 그에 대한 이야기도 차차 하게 될 것이다.

이 그림은 로렌초에게 바쳐졌다. 그 말은 다시 말하면 이 그림을 아부하려고 그렸다는 말이 된다. 가문의 선대 어른들을 동방박사라는 영예로운 자리에 그려 넣고, 로렌초 역시 가장 멋진 모습으로 묘사했다. 이 그림을 의뢰한 사람은 중개업을 하던 가스파레 델 라마라는 사람이다. 의뢰인인 그가 자신의 얼굴을 빼놓았을 리 없다. 그림 오른편 허물어진 벽 바로 아래 한 무리의 사람들이 보인다. 그 맨 윗 줄 가운데에서 우리를 빤히 보고 있는 백발의 노인이 바로 가스파레다. 그의 부릅뜬 눈은 '접니다!'라고 말하고 있다. 그는 자신의 반대편에 아들을 그려 넣는 놀라운 꼼꼼함을 보였다. 왼편 로마 유적 아래 검은 머리를 하고 우리를 보고 있는 젊은이가 그의 아들이다. '제 아들입니다!' 아들 얼굴 눈도장으로 가문의 미래를 챙기려는 마음이 짠 하다. 이제 숨은 그림 찾기가 거의 끝나간다. 한 사람만 더 찾아보자. 오른쪽 맨 가에 연한 갈색 옷을 입고 서서 우리를 보고 있는 인물이 있다. 누굴까. 이 사람은 가스파레의 의뢰를 받고 이 그림을 그린 화가 보티첼리다.

피렌체 르네상스를 말하면서 이 그림에 등장하는 메디치 가문 이야기를 하지 않을 수 없다. 메디치 가문은 코시모의 아버지 조반니 디 비치 때부터 부자 행세를 하기 시작했다. 무역으로 돈을 벌어 당시 벤처산업이던 은행업에 뛰어들었고 단박에 재벌 서열에 들었다. 이런 가문을 물려 받아 피렌체 최고의 가문으로 만든 이가 바로 코시모였다. 그는 어려서부터 사업수완이 좋았다. 아버지를 따라 다니며 견문을 넓힌 그는 자신의 조상이 이룩한 위대한 문명을 알고 충격을 받았다. 중세 천 년을 보내면서 완전히 사라진 줄 알았던 고대 그리스와 로마가 비잔틴 제국과 멀리 오리엔트 지역에 고스란히 보존되어 있던 것이다. 그는 피렌체 최고의 자리에 올라

이러한 영광의 시대를 부활시키겠다는 꿈을 가졌다. 동서로 갈라진 기독교 세계를 하나로 합치고 피렌체를 그 수도로 만든다는 것도 그가 그린 비전의 하나였다.

코시모는 죽은 후 피렌체의 아버지로 추앙받았으나 두 얼굴을 가졌다는 평가도 받는다. 워낙 검소한 생활을 즐기고 사람들을 대할 때 거리를 두지 않고 늘 겸손해 사람들의 마음을 사로잡은 반면, 공적인 일에 임할 때에는 치밀하고 냉정했다. 특히 여러 차례 피렌체의 안정을 해치는 정적을 제거할 때는 그야말로 피도 눈물

폰토르모, 코시모 데 메디치 초상, 1520년, 65x86㎝, 우피치미술관

쿠폴라에서 내려다 본 피렌체. 멀리 베키오 궁이 보인다. 코시모가 쿠폴라를 완성하기 위해 브루넬레스키를 적극 지원한 것에도 이유가 있다. 동서 로마를 통일한 후 피렌체가 수도가 되었을 때 피렌체 두오모가 미완성이어서는 안 되었던 것이다.

도 없이 잔혹했다고 한다. 시민들의 열광적인 지지를 배경으로 결국 그는 200년 넘도록 피렌체를 장악한 귀족 가문을 몰아내고 시민들이 주도하는 정치를 실현했고, 이후 메디치 시대의 토대를 만들었다.

다음 그림은 리카르디 궁 예배당에 그려진 〈동방박사의 행렬〉이라는 그림이다. 이 그림은 두 가지 측면에서 중요한 의미가 있다. 하나는 동방박사 축제에 대한 것이고 다른 하나는 피렌체 공의회에 대한 것이다.

먼저 동방박사 축제에 대해 살펴보자. 이 축제는 시민들이 직접 참여해 가장행렬을 즐기는 대규모 행사였는데 전적으로 메디치 가의 후원으로 진행됐다. 귀족만을 위한 축제에 익숙했던 시민들은 이 축제를 비롯해 자신들을 위한 여러 정책을 적극 추진하는 메디

치 가문의 열렬한 지지자가 되었다. 이에 두려움을 느낀 귀족 가문들이 음모를 꾸며 코시모를 죽이려 했지만 간신히 도망친 그는 1년만에 다시 돌아와 피렌체의 실질적 지배자로 올라섰다. 그를 추종하는 열혈 시민들의 적극적인 움직임이 있었기 때문이다.

이 그림은 코시모의 노력으로 1439년에 개최된 피렌체 공의회를 기념하기 위해 그려졌다. 공의회란 가톨릭 교회의 가장 중요한 종교회의를 말한다. 피렌체 공의회는 코시모 일생의 꿈이 실현되는 장이었다. 동서 로마 황제와 교황을 비롯한 동서 교회의 지도자들이 피렌체 두오모에 모여 두 세계를 하나로 합치는 문제를 진지하게 논의했다. 쿠폴라가 완공된 지 겨우 3년만이었다. 천 년 넘게 갈라졌던 두 세계를 모은다는 건 어려웠지만 놀랍게도 이때 모인 지도자들은 통합이라는 대원칙에 합의했다. 하지만 그 열광과 환희의

고촐리, 동방박사들의 행렬, 1459~1461년, 230×300㎝, 리카르디 궁.
앞서 흰 말을 타고 위풍당당하게 가고 있는 젊은 동방박사는 코시모 이후 피렌체를 지배하게 되는 손자 로렌초다. 코시모는 그의 뒤를 따라가는데 빨간 모자를 쓴 검은 옷의 노인이다. 그런데 그가 타고 가는 건 말이 아니고 갈색 당나귀다. 실제로 그는 멀리 갈 때면 당나귀를 타고 다녔다고 하는데 그의 소탈했던 모습이 잘 드러난다.

순간도 잠시, 몇 년 후 동로마가 오스만투르크에 의해 멸망하면서 피렌체를 세계의 수도로 만들려던 코시모의 꿈도 아쉽게 물거품으로 끝나고 말았다. 비록 때를 잘 만나지 못해 원하던 결과를 얻지 못했지만 코시모 주최로 두오모에서 열렸던 공의회는 15세기 피렌체를 빛낸 최고의 순간으로서 이 그림과 함께 영원히 기억될 것이다.

메디치 가문의 저택 리카르디 궁 안뜰로 들어가는 통로. 코시모는 이 저택을 지을 때, 화려한 브루넬레스키의 설계안을 받아들이지 않고 소박한 모습의 미켈로초 설계안을 채택했다. 시민들에게 위화감을 주지 않으려는 그의 사려 깊음이 잘 드러난다.

교양인의 기준을 제시하다

보티첼리의 〈비너스의 탄생〉을 보려는 열기

늘 관객이 구름처럼 모이는 그림, 우피치미술관을 대표하는 〈비너스의 탄생〉이다. 중세 이후 이교도의 여신이 이처럼 완전한 누드로 그려진 적은 없었다. 그러니 당시 얼마나 놀라운 그림이었겠는가. 이 그림을 제대로 이해하기 위해 우리는 또 한 번 코시모와 그의 손자 로렌초 이야기를 해야 한다.

앞서 코시모가 동서 세계의 통일을 위해 얼마나 열심히 노력했는지 살펴보았다. 이는 그가 어려서부터 꿈꿔온 바, 찬란하던 고대 로마의 부활이라는 큰 목표에서 시작됐다. 코시모는 이를 위해 인문주의 운동과 예술의 부흥이 반드시 필요하다는 점을 깨달았다. 자신의 사재를 털어 전 방위적으로 지원하는데, 우선 그는 자신의 별장에 플라톤 아카데미를 열고 학자와 문인, 예술가들이 한자리에 모여 아무런 부담 없이 연구에만 전념할 수 있도록 했다. 또한 지난 세기부터 이어진 고대 희귀 서적 수집 운동에도 아낌없이 돈을 쏟아부었다. 그렇게 구한 책을 한곳에 모아 도서관을 열고 자국어로 번역해 일반 시민 모두에게 개방했다. 또한 그는 예술가를 후원하는 일에도 팔을 걷어붙였다. 어린 시절부터 브루넬레스키와 도나텔로를 후원했고 미켈로초 디 바르톨로메오, 베노초 고촐리, 프라 안젤리코 등 예술가들에게 많은 일을 주었다. 이처럼 그가 문예부흥에 투자한 금액은 40만 플로린에 달하는데 이를 현재 화폐가치로 환산하면 최소 3천억 원에 이르는 어마어마한 액수다.

메디치 가문이 주문한 예술품들이 피렌체 곳곳을 장식하고 이에 대한 사람들의 찬사가 이어지자 경쟁 관계에 있던 다른 가문들도 너나 할 것 없이 예술가들에게 돈을 쓰기 시작했다. 경쟁이 시작된 것이다. 많은 공방이 즐거운 비명을 지르며 쏟아지는 일거리를 소화하기 바빴고 많은 장인이 길러졌다. 재능 있는 젊은이들이 피렌체로 몰려든 것은 자연스러운 일이었다.

코시모는 아들 복이 없었다. 둘째 조반니를 일찍 잃은 코시모는 장자인 피에로도 지병인 통풍으로 오래 살기 어려울 것으로 짐작했다. 그래서 영민한 손자 로렌초를 가르치는 데 모든 노력을 기울였다. 로렌초는 할아버지의 기대에 부응했다. 십 대에 이미 뛰어난 인문학적 소양을 보여주었고 정치와 외교, 국제 관계, 무역 등에도 뛰어난 자질을 보였다. 그리하여 불과 스무 살에 피렌체 최고의 자리에 올랐을 때 크고 작은 주위의 우려를 말끔히 없앨 정도로 피렌체를 잘 이끌어 나갔다. 할아버지가 가문의 미래를 위해 정적을 제거하는 등 손자의 치세를 섬세하게 준비한 것도 큰 도움이 되었다. 로렌초의 길은 어쩌면 정해져 있었다. 할아버지가 남긴 뜻을

기를란다요, 예언자 스가랴에게 나타난 천사 (일부), 1486~1490년, 산타 마리아 노벨라 성당. 제단화의 구석에 당시 플라톤 아카데미를 이끌던 지도자들이 그려졌다. 왼쪽부터 피치노, 란디노, 폴리치아노, 칼콘딜레스.

그대로 이어가는 것이었다.

로렌초는 막중한 사명감을 갖고 있었지만 동시에 즐기면서 문예 부흥을 이끌었다. 그가 자주 주최했다고 하는 모임을 상상으로 그려보자.

플라톤 아카데미다. 자주 열리는 만찬이 이날도 펼쳐진다. 주최는 물론 로렌초다. 가장 가까운 곳에 스승 피치노와 란디노, 절친인 시인 폴리치아노와 신예 철학자 피코 델라 미란돌라가 앉고, 바로 곁에는 동로마에서 망명온 최고의 학자 칼콘딜레스가 앉는다. 건축가 알베르티와 조각가 첼리니도 빼놓을 수 없는 손님. 그런데 한 소년이 눈에 띈다. 그는 로렌초의 양자로 대접을 받는 열다섯 살의 미켈란젤로다. 그리고 또 한 사람. 플라톤 아카데미의 정규 강의도 빠짐 없이 참석하는 보티첼리는 이곳 만찬장의 단골손님이기도 하다.

젊은 지도자 로렌초는 플라톤 아카데미에서 자주 이런 만찬을 열고 대화와 토론을 나눴다. 이들은 피치노의 지도하에 신플라톤주의 철학을 따랐다. 신플라톤주의에 따르면 고대 그리스 철학과 기독교의 교리는 완전히 다른 것이 아니라 긴밀하게 연결되어 있다. 또한 아름다움을 추구하는 것은 나쁜 것이 아니라 종교적으로도 당연히 할 일이었다. 그는 더 나아가 고대 그리스 조각이 보여주는 이상적인 몸매가 아름다움의 이상적 형태이며 이는 신의 완전함과 이어져 있다고 주장했다. 그의 이러한 철학은 피렌체의 시인과 예술가들이 금기의 빗장을 완전히 열어젖히게 했다. 즉 고대 신화를 소재로 누드를 비롯해 인체의 아름다움을 묘사하는 것이 정당화된 것이다. 이런 만찬의 하이라이트는 폴리치아노가 고전을 소재로 들려주는 시 낭송이었다. 완벽한 운율을 자랑하는 그의 시는 종교적 규율에서 완전히 자유로웠다. 여신과 님프, 신화 속 여인들의 아름다움이 눈앞에 생생하게 펼쳐진 듯했고, 신성함과 관능이 그 경계를 넘나들었다. 모두를 매료시키는 상상의 세계였다.

고대 그리스와 로마의 신화가 그림으로 그려지다니! 지금이야 당연히 여기는 이 말이 당시에는 얼마나 생경한 것이었는지 모른다. 그동안 예술에서 다룬 소재는 오직 성서의 내용과 성인들의 이야기였다. 보티첼리는 플라톤 아카데미에서 배운 고전과 신화 세계에 흠뻑 취했고 충만한 의욕으로 많은 그림을 그렸다. 그건 금기를 깨는 두려운 일이 아니라 다른 사람들과 나누고 싶은 일이었다. 보티첼리가 그림을 속속 선보이자 지식인은 물론 일반 시민도 고전과 신화를 직접 눈으로 마주하게 되었다. 설명할 길은 없지만 너무나 신비롭고 환상적인 세계였다. 벌거벗은 절세 미녀들 앞에서 얼굴을 붉히며 눈을 돌리는 이도 많았다. 그런 만큼 이 그림 속에 담긴 이야기가 무엇인지 알고 싶은 욕구도 점점 커졌다. 보티첼리는 폴리치아노의 시를 그림에 담곤 했는데 그 시를 듣거나 읽어본 적이 없는 이들은 그림의 내용을 알기 어려웠다. 인문 교양이 있는 사람들은 척 보면 그림이 무슨 뜻인지 알고 미소를 지었는데 반대로 교양이 없는 이들은 꿀 먹은 벙어리처럼 되었다. 그래서 그의 그림이 공개되는 날에는 진풍경이 벌어졌다. 그림에 대해 미리 과외를 받고는 이미 다 알고 있던 것처럼 남에게 설명해주는 이도 있었다고 한다. 매번 이런 일이 벌어지자 평범한 사람들 사이에서도 고대 신화를 포함한 인문 교양 공부가 활발하게 되었다고 한다. 말하자면 보티첼리가 '당시 교양인의 기준'을 제시한 셈이었다.

보티첼리, 봄, 1482년, 203×315㎝, 우피치미술관
보티첼리는 아름다움을 추구하는 것이 종교적으로 당연히 할 일이라는 데서 나아가 고대 그리스 조각이 보여주는 이상적인 몸매가 아름다움의 이상적 형태이며 이는 신의 완전함과 이어져 있다고 주장했다. 즉 이 그림도 종교적으로 전혀 불경한 그림이 아니었던 셈이다.

너무나 예쁜 성모

〈비너스의 탄생〉에 이어 우리의 시선을 끄는 보티첼리의 그림은 동그란 액자에 담긴 성모상이다. 〈찬가의 성모〉. 그런데 이 그림은 문제가 되었다. 왜? 그림 속의 성모 마리아가 너무 아름다웠기 때문이다. 자애로운 모습으로 경건한 신앙심을 고취시키는 것이 아니라 그 아름다움에 넋을 잃게 만든다. 사랑에 빠지고 싶은 모습

보티첼리, 찬가의 성모, 1481년, 지름 118cm, 우피치미술관

보티첼리, 비너스와 마르스, 1482년, 69×173.5cm 런던 내셔널갤러리

이다. 당시에도 이것 때문에 수도사 등으로부터 말을 많이 들은 모양이다. 하지만 피렌체에서는 그리 큰 문제가 되지 않았다. 신플라톤주의 철학이 완전한 아름다움을 추구하라고 가르쳤기 때문에 성모의 모습을 아름답게 그릴수록 신성을 더 잘 표현한 것이라는 명분이 있었기 때문이다.

우피치미술관에서 보티첼리의 그림들을 둘러보다가 이런 생각이 든다는 이들이 많다. '보티첼리가 그린 미인들은 얼굴이 다 비슷한 것 같아.' 필자도 그런 생각을 해본 적이 있다. 특히 〈비너스의 탄생〉의 주인공 비너스와 〈찬가의 성모〉가 그러하고, 〈비너스와 마르스〉에 등장하는 비너스 얼굴이 특히 그렇다. 분석 들어가본다.

금발에 곱슬머리. 갸름한 얼굴. 동그란 이마. 완만하고 시원한 눈썹. 진한 쌍꺼풀. 비교적 좁은 미간. 약간의 광대뼈. 높고 긴 콧대. 야무진 콧망울, 역시 야무진 입. 얇은 입술. 약간 돌출한 턱. 긴 목, 호리호리한 몸매….

해도 해도 끝이 없다. 즉 하나하나 따져보니 꼭 들어맞는 것이다. 그런데 알고 보니 비슷한 것이 아니라 같은 사람의 얼굴이었다. 보티첼리의 수많은 그림에서 주인공으로 그려진 여인은 실존 인물이었다. 이름은 시모네타 라벨라. 스무 살인 그녀가 피렌체로 오면서 난리가 났다. 너무나 아름다웠기 때문이다. 그녀를 거리에서 마주친 남자들은 그냥 얼어버렸다고 한다. 그리고 그녀가 사라질 때까지 그녀의 모습만 바라보다가 큰 한숨과 함께 '라벨라'라는 말을 내뱉었는데, '미인이다!'라는 감탄의 의미였다. 이 말이 이름처럼 통용되었다니 얼마나 아름다웠는지 짐작이 된다.

이런 지경이다 보니 그녀 주변은 말도 많고 탈도 많았을 것이다. 놀라운 것은 그녀를 마음에 둔 남자 중에 로렌초와 그의 동생 줄리아노가 있었다는 것이다. 로렌초는 시에도 능했는데 그가 시모네타에게 바친 사랑의 시가 지금도 남아 있다. 줄리아노는 로렌초의 다섯 살 아래 동생으로 피렌체 권력 서열 2위였다. 로렌초를 일컬어 모든 걸 가진 남자라고 했는데 줄리아노와 비교해 단 하나 갖지 못한 것이 있었다. 그건 바로 조각같은 외모였다. 줄리아노는 당시 피렌체 여인들의 사랑을 한 몸에 받는 인기남이었다. 어쨌든 피렌체 권력 서열 1, 2위 남자가 한 여자를 사랑하게 되었다. 그 결과는 어떻게 되었을까.

1475년 피렌체 시민들이 가장 기다리는 스포츠 행사인 마상 창시합이 열렸다. 말에 올라탄 기사가 마주 보고 달려와 긴 창으로 찔러 상대를 말에서 떨어뜨린 자가 승리하는 경기로 중세부터 이어져 온 용감한 남자들의 스포츠였다. 줄리아노는 피렌체 전 시민이 모이는 이 대회를 기회로 생각하고 행동에 나섰다. 자신을 돋보이게 하려면 우승하는 수밖에 없다고 생각한 것이다. 힘으로는 다른 장수들이나 형을 이길 방법이 없으니 이른바 '필살기'를 연마했고 효과를 거뒀다. 아무도 예상하지 못한 가운데 덜컥 우승을 차지한 것이다.

보티첼리, 줄리아노 데 메디치 초상, 1478년경, 36×54㎝, 베를린국립회화관

줄리아노의 우승이라니! 당연히 형인 로렌초가 우승할 것이라고 믿던 사람들에게 이건 놀라운 일이었다. 줄리아노의 친구들은 펄쩍 펄쩍 뛰며 기뻐한다. 그런데 우승자가 말을 몰고 어디론가 향한다. 그는 경기장 한쪽에서 장식 깃발을 창으로 뜯어내 둘둘 만다. 대회를 알리는 그 깃발에 여신의 모습으로 시모네타가 그려져 있던 것.

그는 말머리를 돌려 다시 객석으로 향했다. 시모네타 앞에서 말을 멈추고 줄리아노는 창을 쭉 뻗는다. 아무 말도 없었지만 시모네타에게 깃발을 받아달라는 것이다. 피렌체 모든 시민이 숨을 죽이며 이 장면을 지켜본다. 잠시의 시간이 흐른 후, 시모네타가 환하게 웃으며 자신이 그려진 깃발을 받아든다. 그의 마음도 함께 받아든 것이다. 그 순간 장내는 사람들의 술렁거림으로 시끄러워진다. 줄리아노의 얼굴에 미소가 번진다.

그날을 상상해 보았다. 기록에는 그저 1475년 마상 창 시합이 있던 날 우승한 줄리아노가 시모네타에게 프러포즈를 했고 그날 둘은 공식 연인이 되었다고 나온다. 프러포즈를 이처럼 공개적으로 했을까? 세세한 일화까지는 알 수 없지만 피렌체 최고의 미남과 미녀가 연인이 된 이날, 피렌체 술집은 아쉬움을 달래는 이들로 밤새 불을 밝혔을 것 같다. 여러 규방에서도 눈물로 지새는 잠 못 드는 밤이 이어졌으리라.

스물한 살의 동갑내기 연인. 이 둘은 뜨겁게 사랑했다. 하지만 이들의 사랑은 오래가지 못했다. 시모네타는 폐결핵을 앓았고 둘이 사랑한 지 1년 만에 병석에 눕고 말았다. 그리고 스물세 살 꽃다운 나이에 세상을 떠났다. 병든 자신을 끝까지 보살펴준 사랑하는 이의 품 안에서.

위대한 자,
나라를 구하다

브루넬레스키가 설계한 파치 예배당을 보자. 웅장한 규모는 파치 가문의 전성기를 말해준다. 파치 가문은 코시모 시절 자신이 속한 귀족을 배신하고 메디치 가문과 합세해 최고의 가문으로 떠올랐다. 하지만 로렌초 대에 이르러 자신들의 입지가 계속 줄어들자 이에 대응해 모종의 음모를 꾸몄다.

메디치 가문이 은행업으로 승승장구할 수 있었던 것은 로마 가톨릭교회의 은행 즉 금고 역할을 했기 때문이다. 전 세계에서 들어오는 헌금을 융통할 수 있다는 것은 운영자금 규모 면에서 다른 은행들을 압도해 사업에서 매우 유리해짐을 의미한다. 그런데 로렌초와 교황 사이에 심각한 불화가 생기기 시작했다. 교황 식스토 4세는 영적인 지배자에 만족하지 않고 현실 세계마저 지배하려는 야심을 품은 인물이었다. 주변국의 싸움을 조장하고 그 틈에 교황령을 야금야금 넓히고 있었다. 로마냐 지방을 자신의 친인척인 지롤라모 리아리오에게 넘기려는 것도 그 일환이었다. 교황령 바로 위에 있던 피렌체로서는 잔인한 지롤라모가 로마냐를 다스리는 것이 큰 위협이 아닐 수 없었다. 그래서 로렌초는 주변국의 도움을 얻어 그 계획을 저지했다. 교황과 지롤라모는 그때부터 로렌초를 눈엣가시로 여겼다. 그러던 차에 로렌초에게 밀려 세력이 약화되던 파치 가문이 교황에게 접근해 가톨릭교회의 공식 은행 지위를 메디치 가문으로부터 가로챘다. 악화일로로 치닫던 사태는 피렌체의 항구 역할을 하던 피사에서 터졌다. 그동안 피사의 대주교 임명은 피렌체의 권한으로 인정되었다. 그런데 교황이 갑자기 자신의 측근 프란체스코 살비아티를 피사 대주교로 승진시키려 했다. 당연히 피렌체는 반발했다. 그러자 교황 측은 더 이상 참을 수 없다며 지롤라모와 프란체스코가 꾸민 끔찍한 음모를 비밀리에 승인했다.

브루넬레스키가 설계한 파치 예배당.

1478년 어느 일요일. 그것도 미사를 드리던 중이었다. 갑자기 칼을 든 괴한들이 두오모 성당 안으로 난입해 뒤에서 로렌초와 줄리아노 형제를 공격했다. 무술에 뛰어났던 형 로렌초는 목에 상처를 입었지만 간신히 피해 호위하는 사람들의 보호를 받으며 피신했다. 운명의 여신이 그를 지켜준 셈이다. 원래 로렌초를 죽이기로 한 전문 자객이 거사 직전 성당에서 살인할 수 없다며 버텼다고 한다. 그러자 사람을 죽여본 적 없는 두 신부에게 부득이 자객의 역할이 주어졌는데, 이 차이가 로렌초의 운명을 뒤바꿨다. 하지만 운명의 여신이 줄리아노까지 지켜주지는 못했다. 칼을 무수히 맞고 그 자리에서 절명한 것이다. 스물다섯 살. 더없이 꽃다운 나이에 떠났다. 2년 전 자신의 품에서 떠나 보낸 시모네타가 기다리고 있을 그곳으로 말이다.

로렌초가 죽지 않았다는 것, 그것은 거대한 음모가 완전히 실패했다는 것을 의미했다. 게다가 사태가 아주 빠른 시간에 수습된 데에는 주모자 살비아티의 공(?)이 컸다. 살비아티가 맡은 역할은 베키오 궁을 접수하는 것이었다. 그런데 갑자기 나타난 그가 너무나 어수선하고 불안한 모습을 보이자 그날 베키오 궁을 지키던 눈치 빠른 당직 관료가 그를 속여 가둬버렸다. 본래 가문끼리의 큰 싸움과 정변이 많던 도시이다 보니 조그만 낌새에도 거사가 일어나고 있음을 알아챈 모양이다. 페트루치라는 이름의 이 당직 관료는 살비아티를 가두고 사람들을 부른 다음 옥상으로 올라가 '팔레'를 외쳤다. 팔레는 메디치 가의 문장에 그려진 둥그런 공모양을 말하는데 누군가 옥상에서 이것을 외친다는 것은 메디치 가문이 공격받고 있음을 의미했다. 팔레의 외침은 계속 퍼져나갔고 놀란 시민들이 거리로 쏟아져나왔다. 시민들은 상황을 듣고는 범인들을 색출하고 잡아들이기 시작했다.

오래지 않아 로렌초는 놀라운 사실을 알게 되었다. 베키오 궁에 감금된 살비아티 외에도 자신과 동행한 교황의 손자 라파엘로리아리오 추기경과 줄리아노를 성당에 억지로 데려간 프란체스코 데 파치가 주모자라는 것이 밝혀진 것이다. 이는 교황이 연관되어 있다는 걸 의미했다. 모두가 로렌초의 결단을 기다렸다. 로렌초는 교황의 손자는 살려주었지만 살비아티를 비롯한 주모자와 공범들을 모두 잡아들여 교수형에 처했다. 멀리 오스만투르크까지 도망쳤다가 잡혀온 자객도 있었다. 그리고 파치 가문은 멸문해버렸다. 파치 가문과 어떤 식으로든 연관된 사람들은 피렌체에 발도 붙이지 못하도록 만들어버렸다.

자신의 오른팔을 잃은 교황의 분노는 당연히 하늘을 찔렀다. 피렌체 시 전체에 파문을 내린 교황은 나폴리 국왕에게 여러 도시 동맹군을 이끌고 피렌체를 점령하라는 명을 내렸다. 나폴리 국왕 페란테는 만만치 않은 인물이었다. 6천의 병력을 준비시킨 그는 진격 명령에 앞서 잠시 국제 정세를 관망했다.

피렌체는 주변국에 비해서도 매우 작은 국가였다. 자체적으로 군대가 있는 것도 아니다 보니 전쟁은 곧 멸망을 의미했다. 언제 나폴리군이 쳐들어올지 모르는 절체절명의 순간, 서른 살이 된 로렌초는 결단을 내렸다. 피렌체 시민을 한자리에 모은 그는 연설을 하면서 자신을 나폴리 대사로 임명해 달라고 요구했다. 자신이 만든 일이니 자신이 해결하겠다는 것이다. 피렌체 시민들은 가면 무조건 죽을 거라면서 반대했다. 많은 이가 울음을 터뜨렸다. 하지만 로렌초는 다시 한 번 요청했다. 자신이 죽을 수도 있고 영원히 나폴리나 교황령에 유배될 수도 있지만 적어도 피렌체가 전쟁에 휩싸이는 일만은 막을 것이라고. 그리고 다음 날 혈혈단신으로 배에 올라 나폴리로 향했다.

발칵 뒤집어진 건 오히려 나폴리 왕궁이었다. 당장 전쟁하러 가야 하는데 적국의 최고지도자가 제발로 찾아왔다니 깜짝 놀랄 일이었다. 어쨌든 전권 대사로 왔다니 만나지 않을 수 없었다. 그리고 둘이 오랜 대화를 나눴다. 로렌초가 대사관저로 돌아간 후 나폴리

왕 페란테는 마음이 복잡해졌다. 원래대로라면 로렌초를 잡아다가 교황에게 바칠지, 아니면 죽여버릴지, 그도 아니면 오래도록 가둬 둘지 결정해야 했다. 그런데 로렌초의 이야기를 듣고는 생각이 복잡해졌다. 이번 전쟁은 사실 그가 얻을 것은 없고 손해만 많은 일이었다. 다만 교황이 무서우니 따를 뿐이었다. 그런데 욕심 많은 교

멜로초 다 포를리, 도서관장을 임명하는 교황 식스토 4세(부분), 1477년경, 370×315㎝, 바티칸미술관.
그림에서 보이는 외모만으로도 짐작되듯 식스토 4세는 매우 고집 세고 야심 있는 인물이었다.

황이 여기저기 분란을 일으키며 나라를 혼란스럽게 하고 있었다. 로렌초의 말대로 피렌체가 교황령이 되면 다음은? 사냥이 끝나면 사냥개를 잡아먹는다고 하지 않던가. 느낌이 좋지 않았다. 고민이 깊어졌다.

페란테 국왕의 고심이 길어지는 동안 로렌초는 나폴리 시를 돌아 다니며 여기저기 좋은 일을 했다. 돈도 후하게 뿌렸다. 그러자 나폴리 민심이 로렌초와 피렌체를 지지하는 방향으로 바뀌었다. 처음부터 전쟁을 반대하던 사람 중에는 대놓고 교황과 페란테 왕을 욕하는 사람도 늘어났다. 교황의 독촉이 연일 도착하는 가운데 국내 여론으로 한층 부담이 더해진 페란테는 다시 한 번 은밀히 로렌초를 불러 이야기를 나눴다. 다음 날 로렌초는 다시 배를 타고 피렌체로 돌아갔다. 페란테의 마음이 변하기 전에. 로렌초가 떠난 것을 알게 된 페란테는 맛있는 먹이를 놓친 맹수처럼 입맛을 다셨다. 하지만 약속된 일이고 어쩔 수 없는 일이었다. 페란테는 곧바로 교황에게 사절을 보냈다. 오스만투르크의 침략으로 나폴리 해안이 쑥대밭이 되어 부득이 전쟁을 할 수 없다는 통보와 함께. 물론 이 핑계는 로렌초가 알려줬다.

로렌초가 돌아왔다. 그에게는 새로운 이름이 주어졌다. 일 마니피코. '위대한 자'라는 뜻이다. 목숨을 건 도박으로 자신은 물론 피렌체를 절체절명에서 구한 영웅을 맞는 피렌체 시민들은 모두 환호와 함께 감격의 눈물을 흘렸다.

이 역사적인 사건을 기리기 위해 보티첼리는 그림을 한 점 그렸다. 전쟁의 여신이자 지혜의 여신인 아테나가 야만을 상징하는 켄타우로스의 머리채를 휘어잡고 꼼짝 못하게 제압하고 있다. 아테나는 누구를 상징할까? 당연히 로렌초 일 마니피코다. 그럼 켄타우로스는? 로렌초의 영웅적 행동에 헛물만 켜고 웃음거리가 되어버린 사람. 야만적인 야심가, 바로 교황 식스토 4세였다. 이들 사이로 멀리 바다가 보인다. 그리고 배 한 척이 유유히 가고 있다. 이 배는 무얼까? 아마 짐작할 수 있을 것이다. 로렌초가 홀로 나폴리까지 왕래한 그 배다. 보티첼리는 이처럼 아주 작은 곳에 이 그림의 의미를 숨겨두었다. 교양인이라야 눈치를 챌 수 있을 만큼….

보티첼리, 아테나와 켄타우로스 (부분), 1480년경, 207×148㎝, 우피치미술관

아펠레스의 모함

우피치미술관의 한 전시실에 들어온 게 벌써 언제인가. 보티첼리의 그림 몇 점만 보았을 뿐인데도 이렇게 많은 이야기가 담겨 있다는 것을 알게 된 일행들은 혀를 내두른다. 그런데 아직 다 끝난 것이 아니다. 한 작품 더 만나야 한다.

보티첼리는 젊은 날 메디치 가문의 열렬한 지지자였다. 피렌체가 세상의 중심이 된다는 코시모의 비전이 좋았고, 혼란의 시기에도 흔들림 없이 피렌체의 번영을 이뤄가는 위대한 자 로렌초를 존경했다. 그처럼 열렬히 메디치를 지지하고 또 인문학을 열심히 공부하는 화가를 로렌초가 총애하지 않을 리 없었다. 보티첼리는 그 시기 피렌체에서 가장 성공한 화가였다. 그는 여인의 아름다움을 그리는 데 탁월했는데 이것이 메디치 가문의 여러 젊은 귀공자들 취향에 부합한 점도 한몫했다. 돈 되는 일을 독식한다며 동료 화가들이 불평했을 정도로 그는 지도층의 인기를 독차지했다.

하지만 달이 차면 기운다고 했던가. 보티첼리의 전성시대도 막을 내리고 있었다. 그의 후원자 로렌초가 마흔셋이라는 비교적 젊은 나이에 갑자기 세상을 떠난 것이다. 메디치 가문의 사업도 예전 같지 않았고 후계자의 능력도 로렌초에 미치지 못했다. 점점 커지는 주변 강대국들의 위협도 피렌체의 앞날에 먹구름을 드리우고 있었다. 그동안 보티첼리는 강력한 지도자가 곁에 있는 부러움과 질투의 대상이었지만 이제는 '별 것 없는' 화가가 되었다. 그에 대한 뒷말이 늘어났고 그의 사생활을 걸어 고발하는 이도 생겨났다.

1494년 혼란의 소용돌이로 접어드는 시기에 보티첼리는 〈아펠레스의 모함〉을 그렸다. 아담한 사이즈의 이 그림에는 고대 건축물과 조각을 배경으로 많은 인물이 뒤엉켜 있다. 그림의 내용을 보자. 바닥에 머리채를 잡혀 질질 끌려가는 남자가 보인다. 이 사람은 역사상 가장 위대한 화가라는 찬사를 듣는 아펠레스이다. 알렉산더 대왕의 궁정화가였던 그는 이후 프톨레마이오스 1세를 위해서도 그림을 그렸는데 이때 큰 모함을 받았다. 안티필로스라는 화가는 평소 아펠레스를 질투했는데 역모 사건에 아펠레스가 관련되어

보티첼리, 아펠레스의 모함, 1494년, 62×91cm, 우피치미술관

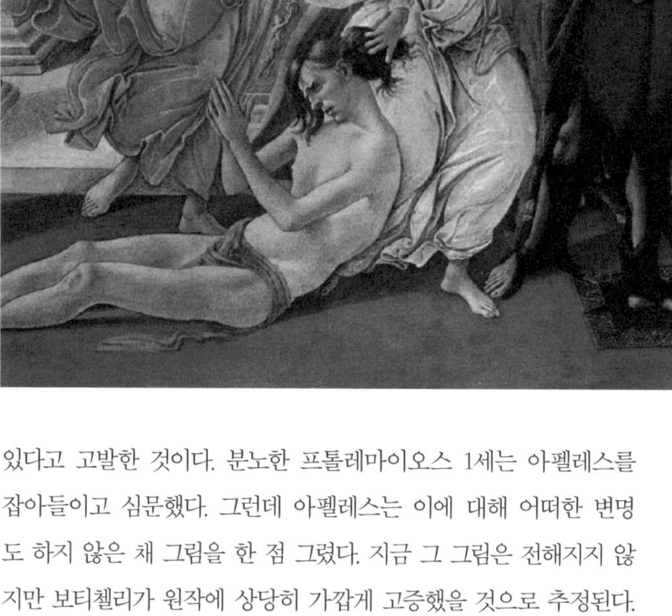

있다고 고발한 것이다. 분노한 프톨레마이오스 1세는 아펠레스를 잡아들이고 심문했다. 그런데 아펠레스는 이에 대해 어떠한 변명도 하지 않은 채 그림을 한 점 그렸다. 지금 그 그림은 전해지지 않지만 보티첼리가 원작에 상당히 가깝게 고증했을 것으로 추정된다. 보티첼리의 그림을 한 부분씩 살펴보자.

아펠레스를 끌고 가는 화려한 푸른 의상의 여인은 중상모략을 상징한다. 그녀가 손에 든 횃불은 분노를 뜻하는데 지금 활활 타오르고 있다. 중상모략의 손을 잡아 이곳까지 오게 한 것은 질투의 상징인데 저승사자처럼 두건을 쓴 그는 왕의 눈을 찌를 듯 거침없

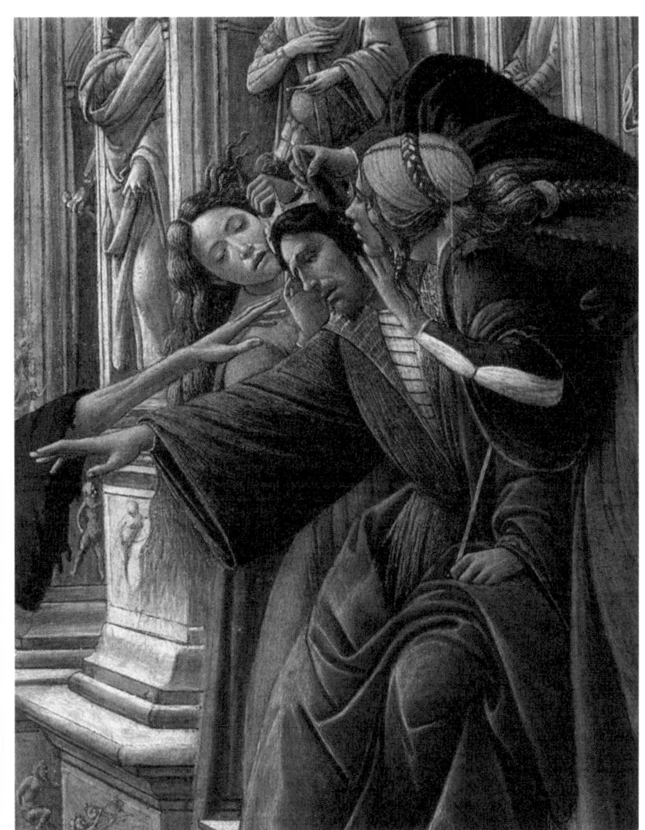

이 손을 뻗고 있다. 중상모략은 진실을 감추기 위해 거짓으로 꾸며져야 한다. 그녀의 뒤에서 부지런히 그녀를 단장하고 있는 두 명의 시녀들은 간계와 속임수를 말한다. 중상모략에 잡혀 끌려가면서도 아펠레스는 두 손을 모으고 기도하고 있다.

오른편에서 판결을 내려야 하는 왕은 당나귀 귀를 하고 있다. 어리석은 판결로 곤욕을 치른 신화 속 미다스 왕이다. 그의 양쪽에서 귀를 붙들고 떠들고 있는 시녀들은 무지함과 불신이다. 이들로 인해 왕은 그 어떤 소리도 제대로 들을 수가 없다.

왼편으로 검은 옷을 입은 양심이 부끄러운 듯 뒷걸음을 치고 있다. 뒤로 가면서 그녀가 바라보는 것은 나체의 여인이다. 이 여인은 이상적인 아름다움을 가지고 있는데 바로 진실의 상징이다. 오직 하늘만이 진실을 알고 있다는 듯 그녀는 아무 말없이 손을 들어 하늘을 가리킨다.

이 그림은 어떤 결과를 만들어냈을까. 이 그림과 관련된 이야기를 기록으로 자세하게 남긴 이는 그리스의 작가 루키아노스다. 그에 따르면 이 사건은 다행히 해피엔딩이다. 그림을 본 왕은 아펠레스가 말하려는 바를 바로 알아챘다. 그를 풀어주고 많은 황금으로 배상했고, 반대로 무고를 한 안티필로스를 잡아 노예로 만들었다고 한다.

이 이야기를 알고 있던 보티첼리는 자신에 대한 비난과 고발이 들어온 시기에 아펠레스의 이야기를 그림으로 그렸다. 그는 결백을 인정받았을까? 그것은 알 수 없다. 이 그림은 그가 그린 마지막 역사화다. 그리고 동시에 고전적인 배경에 고대를 소재로 삼은 마지막 작품이다. 위대한 자 로렌초가 죽은 뒤 불과 2년 만에 프랑스에 점령된 피렌체. 후계자의 무능으로 시민들의 지지를 잃어버린 메디치 가문도 쫓겨나고 말았다. 이후 프랑스의 힘을 등에 업은 수도사 사보나롤라의 신정이 펼쳐진다. 시민들은 그의 설교를 듣고 지난날을 반성했다. 화려한 그림 대신 자신의 집에 모실 작은 크기의 경건한 그림만을 원했고 보티첼리도 이러한 변화를 열렬히 받아들였다. 그도 사보나롤라에 깊이 감화된 것이다. 그렇게 그는 자신을 최고의 자리에 있게 했던 '르네상스'를 잊고 전혀 다른 화가의 길을 걸었다.

보티첼리의 기적

보티첼리의 그림은 그가 참여했던 플라톤 아카데미와 따로 떼어서 설명할 수 없다. 그는 이탈리아 르네상스의 싱크탱크를 대표하는 화가이기 때문이다. 플라톤 아카데미는 당시 피렌체가 이뤄낸 창조성의 엔진과 같은 역할을 했다. 최고의 지성들이 열심히 연구하고 서로 교류하면서 고대를 발굴하고 해석했으며 새로운 문화상품이 만들어지는 과정에서 핵심 역할을 했다. 이러한 성공의 배경에는 메디치 가문의 전폭적인 지원이 있었다. 혹자는 이러한 지원 규모가 일개 가문이 감당하기에는 무모할 정도로 과도했다고 할지도 모른다. 실제로 그러한 면도 있다. 하지만 어떤 일이든 세상에 없던 무언가가 만들어지는 데 '합리적인 투자'만으로 될지 진지

플라톤 아카데미가 운영되었던 메디치 가문의 카레지 별장 조감. 코시모는 이곳의 책임자로 마르실리아노 피치노를 임명하였는데 그가 피치노에게 주었던 단 하나의 지침은 '원하는 대로 무엇이든 하라'였다고 한다.

하게 생각해볼 필요가 있다.

르네상스에서 보티첼리가 차지하는 의미는 분명하다. 그는 간단히 말하자면 고대 그리스와 로마를 그림으로 되살려낸 인물이다. 이러한 점에서 그의 성취는 브루넬레스키와 그의 일당이 만들어낸 업적과 갈래가 다르다. 어떤 이들은 르네상스가 머리(인문학의 부활)와 손(장인의 기술혁신)이 힘을 합쳐 만든 것이라고 한다. 그렇다면 보티첼리는 르네상스의 머리에 위치한 화가가 된다. 그러므로 그의 그림이 원근법이나 인체의 비례를 정확히 지키지 않았다는 이유로 르네상스의 주류 그림이 아니라 말하는 것은 르네상스의 한쪽 면만을 강조해 생기는 오류다.

그의 어린 시절은 그리 알려져 있지 않다. 다른 거장들처럼 처음엔 금은 세공으로 시작했고 그림에 뜻을 두고 당시 명성이 높았던 필리포 리피의 도제로 들어가 수련했다. 스물두 살에 스승으로부터 독립하여 자신의 작업실을 가진 후 주로 안드레아 델 베로키오 공방과 협력하여 일했다. 베로키오는 도나텔로로부터 공방을 물려받은 사람이다. 르네상스 1세대의 직속 후계자 위치에 있는 그의 공방은 뛰어난 화가들의 산실이었다. 보티첼리도 이들과 어울리면서 브루넬레스키가 강조한 수학적 비례의 요소를 습득했다. 이 중에 도메니코 기를란다요와 피에트로 페루지노는 그의 강력한 라이벌이자 로마로 가서 시스티나 예배당을 장식하는 영광을 함께한 동료이기도 했다. 그림 실력만으로 보자면 이 공방의 '에이스'는 어린 다 빈치였을지도 모르겠다. 보티첼리보다 일곱 살 어렸던 다 빈치는 다소 엉뚱하고 잡다한 일에 관심이 많은 친구였지만 그 번득이는 천재성이 발휘될 때면 동료들은 감탄하지 않을 수 없었다고 한다.

그런데 이들 중 누구도 보티첼리만큼 열심히 인문주의 운동에 참여한 사람은 없었다. 보티첼리는 신분이 높지 않았지만 플라톤

대 루카스 크라나흐, 비너스와 큐피드, 1529년, 81.3×54.6㎝, 런던 내셔널갤러리.
크라나흐의 그림은 피렌체의 인문주의가 북유럽에도 전파되었음을 보여준다.

아카데미에 열정적으로 참여하면서 당대 최고의 지식인들은 물론 최고 권력자들과 친분을 맺었다. 그보다 네 살 어렸던 위대한 자 로렌초는 보티첼리를 인정하고 평소 자신을 스스럼 없이 대하도록 했다고 한다. 이런 배경이 보티첼리의 방어막이 되었다. 이교도의 신들을 그림에 담고 그것도 여인의 누드를 본격적으로 그려대기 시작한 화가를 교회에서 좋게 보았을 리 없다. 하지만 보티첼리는 로렌초의 보호 아래서 마음 놓고 실험적인 그림들을 그릴 수 있었다.

보티첼리가 그리기 시작한 고대 그리스 로마의 신화를 소재로 한 그림들은 당시에는 세상에 없던 신상품이었다. 그리고 얼마 후에는 당대 최고의 상품이 되었다. 오래지 않아 이탈리아 다른 지역이나 유럽의 다른 나라에서도 아름다운 비너스와 사티로스, 뮤즈 등이 자유롭게 그려졌다. 여기에는 분명 변화하는 시대의 움직임도 큰 역할을 했다. 당시는 교회의 권위가 많이 추락한 중세 말이었다. 교회라는 그물은 이미 낡아서 '오래도록 잊혀졌던 과거'를 궁금해 하는 사람들을 더 이상 가둬둘 수 없었다. 그 선구자가 고대 로마의 영광을 자신들의 DNA 속에 깊이 간직하고 있던 이탈리아 사람이라는 건 매우 자연스러운 일이었다. 이들은 고대의 문헌과 예술품을 발굴하려는 노력을 매우 치열하게 전개했다. 문제는 이렇게 모인 자료들이 그저 구슬로 머물지 않도록 실로 꿰어 보배로 만들어야 했는데 이를 제대로 해낸 곳이 바로 플라톤 아카데미였다.

메디치 가문의 적극적 지원은 코시모의 개인적인 비전까지 거슬러 올라간다. 그는 자신의 메디치 가문을 피렌체 제일의 가문으로 만들고 피렌체를 세계의 수도로 세우는 것을 비전으로 삼았다. 이 두 가지 모두 이룰 방법으로 그가 선택한 것은 인문주의의 부활이었고, 그 핵심은 플라톤 아카데미의 성공이었다. 그의 손자인 로렌초에 이르기까지 메디치 가문은 다른 남다른 규모와 열의로 투자해나갔다. 사실 메디치 가문의 투자는 효율성 측면에서는 낙제점

아그놀로 브론치노, 갑옷을 입은 코시모 메디치 1세, 1545년, 74×58㎝, 피렌체 우피치미술관.
코시모 대공은 메디치 가문 출신으로 피렌체는 물론 주변 토스카나 전역을 지배한 인물이었다. 이전 세기 코시모와 로렌초가 닦아 놓은 터전 위에서 왕의 지위를 누렸다.

에 가깝다. 그중에서도 산 마르코 수도원을 개축하고 내부에 엄청난 규모의 도서관을 조성한 일이나 유능한 예술가라면 이유를 불문하고 직접 후원한 일, 무엇보다 일종의 돈 먹는 하마라 할 수 있는 플라톤 아카데미에 수십 년 동안 막대한 지원금을 쏟아부은 것은 과연 무엇을 위해 하는 일인지 당시 사람들로서는 이해할 수 없었을 것이다.

하지만 이러한 투자가 확실히 남는 장사였다는 것을 결과로 보여줬다. 가장 중요한 성과는 피렌체 시민들의 절대적 지지를 확보할 수 있었다는 것이다. 그들의 지지가 있었기에 이후 메디치 가문은 막강했던 경쟁 가문들을 모두 물리치고 피렌체 최고의 자리에 오를 수 있었다. 이후 피렌체에서 세상으로 전파된 르네상스가 상상할 수 없는 대박을 맞자 막대한 재화가 피렌체로 쏟아져 들어오기 시작했다. 그렇다면 그러한 번영의 수혜자가 누구였겠는가. 바로 메디치 가문이다.

우리는 늘 무언가를 준비한다. 때론 그동안 해온 일이 아니라 전혀 새로운 무언가를 준비할 때가 있다. 많은 사람이 몰려서 치열하게 경쟁하는 레드오션이 아닌 아직 개척되지 않은 블루오션에 도전해야 할 수도 있겠다. 이럴 때 우리가 마주하는 딜레마는 과연 얼마나 과감하게 투자할 것이냐의 문제다. 이 경우 돈이 걸리기도 하고 시간과 노력이 걸리기도 한다. 현 상태를 유지만 해도 좋은 때라면 어떨까. 그땐 신중하게 접근할 것이다. 평소 하던 대로 단기 목표를 정하고 성과 관리를 하면 될 것이다. 하지만 우리 시대가 그렇게 여유 있는 때인가? 우리는 지금까지 없던 창조성을 절실히 필요로 하고 있다. 이를 위해서는 보티첼리를 후원한 메디치 가문의 이야기에 주목해봐야 한다.

먼저 생각해야 할 것은 비전이다. 딜레마적 상황에서 선택이 어렵다는 건 비전이 분명하지 않다는 걸 말해준다. 그럴수록 비전에 집중해야 한다. 코시모처럼 강렬한 비전을 가지면 선택은 매우 쉬워진다. 그 다음으로 생각할 것은 조급함을 멀리하는 태도다. 눈앞의 목표에 연연하는 사람일수록 성과가 바로 나오지 않으면 조급해하다가 경솔하게 움직여 결국 큰일을 망친다. 이것저것 따지면서 조금이라도 손해보지 않으려는 마음에는 창조성이 깃들 리 없다. 큰 비전을 세웠다면 그에 상응하는 큰 손해를 각오할 수 있어야 한다. 주위의 우려 속에서도 우직하게 밀어붙이는 뚝심이 꼭 필요한 때가 있는 법이다.

개인 성향에 따라 많이 다르겠지만 우리 개개인은 때론 세심한 관리자이기도 하고 때론 과감한 투자자가 되기도 한다. 변화가 필요할 때는 반드시 있다. 개인의 삶에서든 조직이나 사회의 미래를 위해서든 때론 꼼꼼한 관리자를 내려놓고 지혜로운 바보가 되어보는 건 어떨까. 창조의 기적은 어쩌면 한 순간 사사로운 마음먹기에서 시작되는 것인지도 모른다.

피렌체를 내려다본다는 것

쿠폴라에 오르면 피렌체를 내려다볼 수 있지만 한 가지 아쉬운 점이 있다. 그건 두오모가 있는 아름다운 풍경을 볼 수 없다는 것이다. 동남쪽으로 바라본 장면이다. 멀리 산타 크로체 성당이 보이고 그 오른쪽으로 언덕 위에 미켈란젤로 광장이 보인다. 저 곳에서 내려다 보면 피렌체 전경을 눈과 카메라에 담을 수 있다.

피렌체에 왔다면 미켈란젤로 광장에 올라야 한다. 산타 마리아

쿠폴라에서 바라본 피렌체 동남쪽

노벨라 역에서 12번이나 13번 버스를 타고 피렌체 남동쪽 언덕을 올라가면 미켈란젤로가 설계한 널찍한 광장이 나온다. 그 중앙엔 청동 다비드상이 광장을 내려다보고 있다.

가능하면 일정 마지막 날 해가 지기 전에 올라와 석양과 야경을 감상하길 권한다. 날씨가 맑고 대기가 청명한 날이면 더 좋다. 우리 일행은 피렌체 투어 첫날 밤에 야경을 보러 올라갔다. 겨울 우기라 날씨가 어떻게 될지 모르기 때문에 일단 가보기로 한 것이다. 석양을 보고 싶었지만 해가 짧아서 올라오는 사이에 밤이 되었다.

피렌체를 내려다보다가 여기 저기 다니면서 사진을 찍는데 한쪽 계단에 사람들이 삼삼오오 모여 앉아 있는 것이 보였다. 이들 대부분은 현지 여학생들이었다. 피렌체 사람들은 맥주보다 와인을 즐겨 마시는데 이 여학생들도 와인을 한 병씩 들고 와서 수다를 떨고 있었다. 병나발(?)도 제법 익숙해 보였다. 남자친구 이야기를 하고 있을까? 그런데 이들을 보고 있자니 왠지 부러웠다. 그냥 버스

미켈란젤로 광장 서편 계단. 이곳에 앉아 있으면 피렌체 시내가 한눈에 들어온다.

한 번 타고 와서 누군가에겐 평생 한 번 볼까 말까 한 경치를 앞에 두고 친구들과 술 한잔의 여유를 즐길 수 있는 것 말이다. 하지만 그 반대로 생각해볼 수도 있겠다. 익숙하면 소중함을 모르는 법이니까. 어느 쪽이 맞을까. 둘 다? 아마 그럴 것이다.

앞서 이야기한 바 있지만 피렌체는 아는 만큼 보이고, 다녀본 만큼 느낄 수 있다. 그건 이 작은 도시 곳곳에 담긴 '이야기의 밀도' 때문이다. 가이드 투어로 한나절 정도 둘러본 분들에게 이를 설명하는 건 쉽지 않다. 피렌체는 17세기에 멈춰 있는 도시다. 유지보수는 허가되지만 증개축은 할 수 없다. 조상이 살던 그대로 도시의 모습을 유지하는 것이 피렌체를 위해 더 낫다는 걸 잘 알기 때문이다. 이 때문에 르네상스 시절 지어진 건물 대다수가 여전히 남아 있고, 당시 사람들이 다니던 길과 광장들이 예전 모습 그대로 보존되어 있다.

피렌체를 걸어보자. 말과 마차가 다니기에도 그리 넓지 않은 길을 이젠 자동차가 다니게 되었지만, 단단한 돌이 깔린 이 길은 예전 그대로다. 얼마나 오래된 돌일까? 이 녀석들 중에는 브루넬레스키와 그의 일당이 술 한잔 걸치고 나누던 이야기를 기억하는 녀석이 있을지도 모른다. 스트로치 궁전을 떠받친 어마어마한 크기의 주춧돌은 또 어떤가. 이들은 메디치 가문을 습격하기 위해 모인 행동대원들의 거친 숨소리를 여전히 기억할 것이다. 어느 골목도 좋다. 느낌이 좋은 곳을 사진에 담아보자. 어디든 우리는 500여 년 전 이곳에 살던 이들이 본 그대로를 느낄 수 있다. 상상은 자유로워진다. 저 앞에서 다 빈치가 골똘히 생각에 빠진 모습을 그려보는 것도, 좋은 대리석이 시뇨리아 광장에 도착했다는 말을 듣고 한달음에 달려가는 미켈란젤로를 그려보는 것도 좋으리라. 피렌체가 처음이라 지리를 몰라 두리번거리는 아름다운 청년 라파엘로를 떠올려보는 것도 매우 자연스럽다.

처음 피렌체를 찾았을 때다. 미켈란젤로 광장에 올라 난간에 서서 한눈에 들어오는 아름다운 도시를 바라보고 있었다. 바로 옆에 열다섯 살 정도 된 외국 소녀가 있었는데 함께 도시를 내려다보다가 갑자기 펑펑 우는 것이 아닌가. 편안한 표정으로 눈물을 연신 닦아내는 그 모습을 보면서 좀 의아하기도 했고 그 이유가 궁금

피렌체 골목길을 가르고 들어온 아침 햇살을 꿀구라가 사진에 담고 있다. 그런 꿀구라를 막구라가 사진에 담았다.

피렌체를 떠나는 날 미켈란젤로 광장에서 내려다 본 피렌체의 모습. 아르노 강이 피렌체의 남북을 가르고, 멀리는 베키오궁과 두오모 성당이, 가까이는 산타크로체 성당이 보인다.

했다. 하지만 다음에 와서 같은 경험을 한 후 그 마음을 고스란히 이해할 수 있었다. 피렌체 공부를 많이 하고 와서였을까. 다시 이 광장에 서서 도시를 내려다보는데 마음 한구석으로 무언가가 밀려들어오기 시작했다. 골목 하나하나에 담겨 있을 이야기들이 상상 속에서 주체할 수 없이 그려지면서 처음엔 잔잔하게 퍼지던 감동이 점차 걷잡을 수 없어진 것이다. 코끝이 찡해지며 나도 모르게 눈물이 나왔다. 그때 알았다. 피렌체가 왜 세상에서 가장 아름다운 도시라 불리는지. 그건 단지 겉모습을 말하는 게 아니었다. 예전에 누군가가 그랬다. 피렌체 사랑에 빠지면 헤어나올 수 없을 거라고. 그땐 가볍게 흘려들었는데 이젠 그 의미를 잘 알게 되었다. 피렌체 사랑에서 헤어나오기? 난 이미 늦었는지 모른다. 너무 멀리 왔으니까. 그리고 그래야 할 이유도 없다. 난 앞으로도 언제까지나 피렌체를 사랑할 테니까.

나만의 방식으로 그림과 소통하기

미술관을 걷다보면 유명한 작품을 프레임에 꽉 차게 찍는 이들을 볼 수 있다. 하지만 그건 의미 없는 사진이 되기 쉽다. 난 미술관에서 미술작품만 그대로 찍는 것은 작가에 대한 모독에 가깝다고 믿는다. 대화를 요청하는 작가의 음성을 저버리는 셈이기 때문이다. 작품이 마음에 들었다면 자기만의 생각과 느낌을 담기 위해 조금 더 고민해야 한다.

뒷장의 사진을 보자. 화가는 인물의 하반신을 그렸다. 붉은색 의상을 두른 사람들이 걸어나오고 있었다. 인상적이었다. 그때 그 옆을 지나던 관람객이 보였다. 검은 옷에 붉은 머플러. 게다가 염색한 머리는 덤이었다. 그녀가 그림의 뒤편을 둘러 보고 다시 걸어나올 순간을 기다렸다가 맹수처럼 달려들어 앵글에 담았다. 패션의 과거와 현재가 대비되고, 그림의 정면과 관람객의 측면이 다시 한 번 대비를 이룬 스타일로 나만의 작품을 완성했다. 창작은 서로 다름이 만나 소통하는 것이다. 다름은 강력한 힘이다. 하나 보다는 둘이, 둘 보다는 여럿이 모여 융합될 때 더 좋은 작품이 나올 가능성도 높아진다.

자, 이제 미술관에서 사진을 찍는 것에 대해 조금은 다른 생각을 갖게 되었는가? 유명한 그림만 둘러보면서 사진 찍기에 급급한 그런 일은 그만하자. 마음을 열고 한 작품씩 보면서 화가와 대화를 나눠보자. 운이 따른다면 그 누구도 따라올 수 없는 나만의 멋진 작품을 카메라에 담을 수 있을지도 모를 일이다.

마음을 읽다

뒤 페이지의 조각상을 보자. "모든 대리석 안에는 조각상이 깃들어있다. 조각가의 임무는 그 현상을 드러나게 하는 것뿐"이라고 한 미켈란젤로의 말대로라면 이 조각상은 돌에서 꺼내진 것이다. 그 조각상이 어떤 동작을 취하고 있다. 천장을 떠받치는지, 고함을 지르는지, 아니면 벽을 잡고 좌절하고 있는 것인지 아리송하다. 어떻게 보이는지를 묻는 것은 상대의 심리 상태를 확인하는 것이다. 몸짓은 마음의 표상이기 때문이다.

천장을 떠받치는 이로 보인다면 삶의 무게를 줄여야 한다. 삶의 무게는 삶에 대한 부담감이며 그 근원은 나 자신이기 때문이다. 고함지르는 이로 보이거든 좀 더 겸손해야 한다. 나 잘났다고 소리치면 곱게 들어줄 사람 없다. 왕따당하기 십상이다. 벽을 잡고 좌절하는 이로 보인다면 가슴을 활짝 펴고 당당하게 살아야 한다. 좌절의 수렁에서 나를 일으켜 세울 이 또한 나뿐, 그 누구도 아니기 때문이다.

르네상스를 불태웠던 그 사람, 불타다

1498년 5월 23일, 시뇨리아 광장. 피렌체 최고 지도자인 수도사 사보나롤라가 두 명의 동료와 함께 화형대에 묶였다. 그간 자신을 메시아로 모시고 그 어떤 지시도 따르던 이들이 이젠 자신을 이 형틀에 묶었다. 민심이란 게 이토록 덧없는 것이었나 보다.

이때로부터 7년 전이었나. 로렌초가 간곡히 불러 산 마르코 수도원장으로 피렌체 생활을 시작했다. 그는 불을 토하는 설교자였다. 로렌초의 모친과 아내가 사망했을 때 망자를 축복하는 그의 열정적인 설교는 사람의 마음을 장악하는 힘이 있었다. 피렌체 시민들은 그의 설교에 빠져들었다.

그는 극단적 고행을 중요시했다. 그가 보기에 로마 가톨릭은 썩을 대로 썩었고, 피렌체는 너무나 타락했다. 사람들의 영혼이 악에 물들어가는 것을 더 이상 지켜볼 수가 없던 그는 행동에 나섰다. 먼저 도메니코 수도회를 자기 것으로 만들고 개혁에 나섰으며 로렌초가 죽은 후에는 스스로 지도자가 되어 피렌체를 이끌겠다고 마음먹었다. 그는 시민들에게 외쳤다. "타락을 멈추고 금욕의 길로 나서라. 그러지 않으면 불의 심판을 받을 것이다!" 그가 예언한 불의 심판은 날짜를 맞춰 찾아왔다. 바로 프랑스군이 밀어닥친 것이다. 사보나롤라가 협상 대표로 나섰고, 침략군에게 성문을 열어 항복했지만 실제로 피렌체는 거의 피해를 입지 않았다. 피렌체 시민은 사보나롤라를 메시아로 생각하게 되었다.

금욕을 지향하는 그가 플라톤 아카데미가 주도한 르네상스 운동을 어떻게 생각했을까. 그가 남긴 이 한마디에 그의 속마음이 담겨 있다.

"오늘날 우리는 성당 안에 지나치게 기교적이고 사치스런 장식의 그림들을 갖다놓았기 때문에 그것들이 오히려 신의 광명을 가리고 있다. 모든 것이 좀 더 간소해져야만 한다. 그렇지 않으면 예술작품이 오히려 신을 잊게 만들지도 모른다."

그는 내심 인문주의와 그 예술에 강한 거부감을 갖고 있었다. 그에게 신플라톤주의는 궤변에 불과했고 여자의 벗은 몸을 아무리 잘 그린들 거기엔 신이 깃들리 없다. 이교도는 이교도일 뿐이다. 오히려 사람들의 신심을 혼란스럽게 한다. 파괴해야 한다. 시뇨리아 광장에 불온서적들(?)과 미술작품들, 사치품들이 산더미처럼 쌓였다. 기름을 붓고 불을 붙이자 순식간에 광신의 불이 하늘 끝까지 치솟아올랐고 수많은 르네상스의 증거가 잿더미로 변했다. 이제 더 이상 피렌체에 머물 수 없다는 것을 분명히 깨닫게 된 예술가들은 다른 지역으로 뿔뿔이 흩어졌다. 피렌체 르네상스가 막을 내리는 순간이었다.

이 힘들고 고통스러운 시절이 사보나롤라의 예언처럼 프랑스에서 출발하는 신의 군대에 의해서 끝날 것인가? 사보나롤라에 대한 시민들의 믿음은 그야말로 광신적이었다. 이런 분위기에서 그는 자신도 모르게 스스로 메시아가 아닐까 하는 생각을 하게 되었다. 설교에도 점점 그런 확신을 담았다. 의구심을 갖고 지켜보던 교황이 결국 그를 로마로 불렀다. 하지만 사보나롤라는 가지 않았다. 오히려 교황 알렉산데르 6세와 로마 교회를 맹비난했다. 자식을 낳는 교황, 성추문이 끊이지 않는 교회, 성직 매매, 축재 등 교회의 치부를 공격했다. 화를 내는 사람이 진다는 말이 있다. 알렉산데르 6세는 노회한데다 인내심까지 갖춘 만만찮은 인물이었다. 그는 시간이 자기 편임을 알고 있었다. 피렌체 시민의 절대적 지지를 받는 동안에는 사보나롤라와 정면으로 부딪혀봐야 소용없는 일. 그는 도메니코 수도회와 경쟁 관계에 있던 프란체스코 수도회를 자기 편으로

산 마르코 수도원에는 역사적으로 의미 있는 방이 두 개 있다. 하나는 코시모가 사용하던 집무실이고 다른 하나는 사보나롤라 수도사가 이곳 원장을 지낼 때 머물렀던 방이다. 사보나롤라의 초상화가 그가 썼던 방임을 말해주고 있다.

끌어들인 후 기회를 보며 기다렸다. 광신은 영원할 수 없다. 장기간의 개혁은 피로감을 준다. 피렌체 시민들은 서서히 지쳐갔고 사보나롤라를 반대하는 목소리가 터져나오기 시작했다. 조급해진 사보나롤라는 더 열렬한 믿음과 복종을 시민들에게 강요했고 피렌체는 이제 완연히 반으로 나뉘어 싸우기 시작했다. 교황은 때가 왔음을 느꼈다. 프란체스코 수도회를 시켜 줄기차게 사보나롤라에게 도발했다. 누가 더 옳은지 불의 심판을 받자는 제안도 그중 하나였다.

당시에는 종교재판을 할 때 뜨거운 불판을 놓고, 그 위를 걷게 한 다음 무죄와 유죄를 결정했다. 무죄라면 신의 도움으로 아무 탈 없이 건너갈 수 있으리라는 황당한 믿음에서였다. 수세에 몰린 사보나롤라 측은 일종의 쇼를 벌이고 끝내려고 했는데 이것이 이상한 방향으로 전개되었다. 시민들이 메시아인 사보나롤라가 당연히 이기리라 확신하고 불의 심판을 강력하게 요구했기 때문이다. 이

사보나롤라의 화형, 작자미상, 산마르코 수도원 사보나롤라의 방에는 그날의 사건을 담은 그림과 기록이 벽에 붙어 있다.

제 불의 심판을 못한다고 할 수 없게 되었다. 시뇨리아 광장에 불의 심판대가 설치되고 사람들이 모여들었다. 본래 오전에 진행되어야 했는데 두 수도회가 밀고 당기고 하면서 시간은 한없이 길어졌다. 시민들의 분노가 폭발하는 중에 불의 심판을 거부한다는 사보나롤라의 말이 시민들의 분노에 기름을 부었다. 그 오랜 시간 가짜 메시아에 속았다는 생각이 들자 시민들은 폭도로 변했다.

폭도로 변한 사보나롤라 반대파가 4년 동안 그들이 믿고 따르던 메시아를 형틀에 묶었다. 지지자들은 이 광란 앞에 차마 말릴 생각을 못했다. 여자들과 아이들 중에는 오열하는 이도 많았다. 불이 당겨졌고 수도사들이 금세 화마에 삼켜졌다. 그렇게 끝났다. 사보나롤라가 꿈꾸었던 금욕의 이상향도.

지금도 많은 이가 묻는다. 사보나롤라, 그는 개혁자였는가 사이비 메시아였는가. 그를 평가하는 것은 유보한다 해도 한 가지 분명한 것이 있다. 그는 피렌체가 더 이상 르네상스의 도시가 되는 것을 원치 않았는데 그건 확실히 이뤘다는 것이다. 이제 르네상스의 도시라는 영예는 로마로 옮겨가게 된다.

시뇨리아 광장에 있는 사보나롤라 기념 포석. 당시 부패한 교회를 바로잡고자 했던 그의 노력을 긍정적으로 보는 이들도, 그를 희대의 사기꾼으로 보는 이들도 시뇨리아 광장에 가면 이곳에 들른다. 그가 화형당했다고 알려진 바로 그 자리다.

3 Milano

밀라노 Milano

다 빈치를 만나다

다 빈치의 밀라노 시절 사람들

르네상스 시대 밀라노는 중북부 이탈리아의 4대 강국이었다. 다 빈치가 이곳을 찾은 해는 1481년. 당시 밀라노에서 다 빈치와 밀접한 관련이 있던 인물들은 다음과 같다.

레오나르도 다 빈치(1452~1519) 르네상스 최고의 만능인. 치열한 탐구로 그림 그리는 방법을 혁신하여 이후 화가들에게 큰 영향을 미쳤다. 서른 살 무렵 밀라노로 와서 17년간 활약했다.

루도비코 마리아 스포르차(1452~1508) 다 빈치가 섬긴 밀라노의 지배자. 조카의 왕위를 빼앗았다. 일 모로라는 별명으로도 불렸다.

도나토 브라만테(1444~1514) 초기 르네상스 건축의 대가. 다 빈치와 함께 루도비코를 섬겼고, 이후 교황의 초청으로 로마로 간다.

베아트리체 데스테(1475~1497) 루도비코의 아내로 르네상스 시기 최고의 여걸로 불린다.

기타
루카 파치올리, 프랑소아 1세

만약 손만 움직이고 영혼이 함께 하지 않는다면
그곳에 예술은 없다고 할 수 있다.
예술에 완성이라는 게 있을까.
다만 중간에 포기하고 그만두는 것일 뿐…

_ 레오나르도 다 빈치

멋진 도시
밀라노를 걷다

밀라노는 이탈리아에서도 가장 현대적인 도시로 손꼽힌다. 건물들도 높고 거리도 활기차다. 햇살이 강렬한 날 밀라노에서 이런 장면을 만났다. 길 거리가 얼룩으로 덮였는데 다시 보니 높은 건물에 반사된 빛이 만들어낸 질감이다. 사진의 매력은 이런 것이다. 전혀 예상치 못했던 장면이 렌즈 속으로 들어와 또 다른 세상을 복원한다. 오랜 세월 이 땅의 생명체들에게 태양은 유일한 신이었다. 하지만 높은 빌딩이 늘어선 현대의 도시에서 태양은 더 이상 유일신이 아니다. 나는 과거를 찾아 이곳에 왔지만 이곳은 너무나 현대적이다. 하지만 이 사진 속 장면도 언젠간 먼 옛날이 될 것이다. 사진은 찰나의 만남을 통해 과거를 잡아내고 미래를 예고한다.

두오모 광장에 있는 비토리아 엠마누엘레 2세 갈레리아. 밀라노를 대표하는 이 건물은 아마도 이 도시의 과거와 현대가 만나는 분기점에 있을 것이다. 로마가 멸망한 후 천5백년 가까운 세월 작은 나라로 나뉘어 있던 이탈리아가 통일된 해는 1860년이다. 이를 기념해 지은 이 건물은 고전적 건물과 현대적 유리 지붕이 만나 하나가 되었다. 고급 레스토랑과 명품 브랜드의 본점들이 들어선 이곳은 그 화려함으로 십자형 내부통로를 걷는 이들의 마음을 밝고 흥겹게 만들어준다. 유리 지붕이 없었다면 그 맛이 덜했을지 모른다.

이처럼 밀라노는 과거와 현재가, 고전과 현대가 공존하는 도시다. 어쩌면 이것이 밀라노의 매력을 한층 더하는 것이 아닐까 싶다. 그림은 내면의 생각을 그리는 것이며, 사진은 외부에서 생각을 찾아내는 것이다. 근원은 똑같다. 생각에 따라 세상이 새롭게 보이기 때문이다. 원하는 대로 보인다는 것이다.

라 스칼라 오페라 극장에서 스포르체스코 성으로 가는 길
갈레리아 유리 지붕의 모습이 마치 멋진 마이크처럼 보였다.

다 빈치는 왜 밀라노로 왔을까

밀라노, 왠지 멋진 그 이름. 아르마니, 프라다의 본점이 이곳에 있다는 것만으로는 설명할 수 없다. 몇 걸음만 걸어도 이탈리아를 대표하는 멋쟁이들의 도시라는 말이 실감난다. 거리엔 시선을 끄는 패션리더들이 즐비하다. 밀라노는 알프스를 배경으로 롬바르디아 평원의 시작을 알리는 대도시다. 서유럽의 중심에 위치하고 있어 말펜자 공항은 늘 붐빈다. 이탈리아 르네상스를 찾은 우리는 이곳 말펜자 공항에서 내렸다. 오직 한 사람, 다 빈치를 만나기 위해서다. 다 빈치의 실질적 고향은 피렌체다. 밀라노와는 아무런 연고가 없다. 그런데 그는 왜 이곳 밀라노로 오게 되었을까? 그 사연을 시작해보자.

다 빈치는 피렌체 근교에 있는 빈치라는 작은 마을에서 태어났다. 신분이 낮았던 엄마는 자기를 버린 남자에게 아이를 주고 새 삶을 시작했다. 서자라는 무거운 멍에를 뒤집어쓴 아이. 아빠는 아이를 잘 키울 생각이 없었다. 아이는 이내 조부모에게 맡겨졌고, 그마저 여의치 않게 되자 공방에 보내졌다. 그나마 다행인 건 그가 평소 베로키오를 잘 알고 있었다는 것이다. 베로키오는 르네상스

1 미켈란젤로를 부오나로티라는 성으로 부르지 않는 것처럼, 레오나르도 다 빈치를 줄여 부를 때에는 레오나르도라고 해야 맞다. 하지만 우리나라에서는 다 빈치가 익숙하기 때문에 이 책에서는 다 빈치로 통일해서 표기했다.

선구자들의 업적을 그대로 계승한 사람이었다. 도나텔로가 운영하던 공방을 그대로 물려받은 그는 조각과 그림 모두에서 뛰어났는데, 그를 도와 일하는 젊은 장인들도 쟁쟁했다. 바로 보티첼리, 기를란다요, 페루지노 등이었는데, 이른바 르네상스 2세대로서 출중한 실력을 인정받고 있었다. 이들을 선배로 모시고 배울 수 있었던 건 어린 다 빈치에게 좋은 자양분이 되었다.

청동으로 만들어진 늘씬한 몸매의 〈다비드〉는 승자의 여유를 보

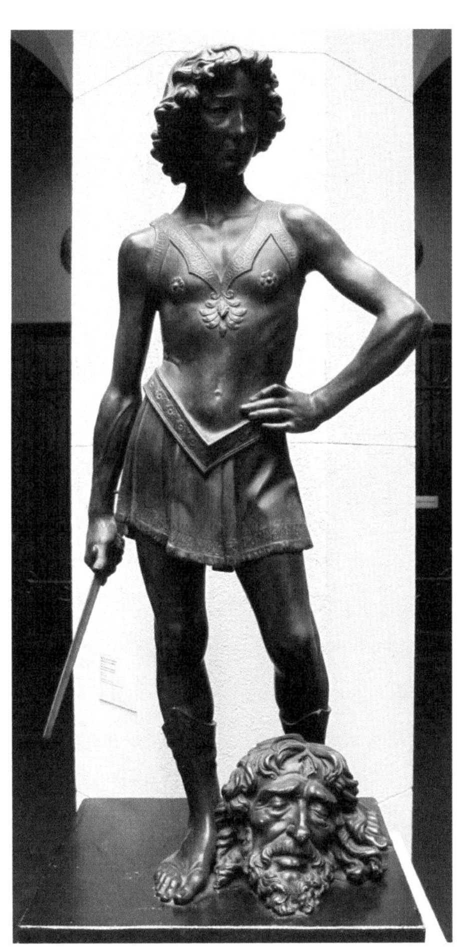

베로키오, 다비드, 125cm, 바르젤로국립미술관.
이 작품의 모델이 바로 갓 열다섯 살이 된 다 빈치이다.

이는데, 이 작품의 모델이 바로 갓 열다섯 살이 된 다 빈치였다. 그의 전기를 쓴 조르조 바사리는 다 빈치를 소개하는 첫 머리에 이런 글을 남겼다.

"그의 몸매의 아름다움은 이루 말로 표현할 길이 없다."

청동상을 보면 그 말을 이해할 수 있다. 아직 어려서 호리호리한 편이지만 신체의 비례가 아름답고 근육이 매끈하며 아무리 둘러 봐도 군살이라고는 찾아볼 수 없다. 곱슬곱슬한 머리와 잘생긴 얼굴을 가진 그는 꽤나 사랑스러운 청년이었을 것이다. 그는 자라면서 키가 컸고, 당당한 체구에 결코 지치지 않는 체력을 가졌다고 한다. 마치 차력사처럼 말 편자를 손으로 구부릴 정도였다고 한다.

다 빈치는 스승을 도와 많은 작업에 참여했다고 한다. 〈세례를 받는 예수〉도 그중 하나인데 이 그림이 완성되고 나서 사람들의 찬사를 듣던 베로키오가 갑자기 시무룩한 얼굴이 되었다고 한다. 사람들은 하나같이 그림 왼편의 몸을 돌리고 있는 천사와 뒷배경의 풍경을 칭찬했는데 그 부분은 자신이 아니라 제자인 다 빈치가 그렸기 때문이다. 바사리는 이 그림을 그린 후 베로키오가 붓을 꺾어 버리고 청동상 제작에만 전념했다고 전하는데, 약간의 과장이 가미되긴 했지만 근거가 없는 말은 아닌 듯하다.

다 빈치는 20대에 접어들며 장인의 자격을 얻게 되었지만 기대만큼 일이 잘 풀리지 않았다. 우선 신분이 낮은 그에겐 큰 일을 맡겨줄 인맥이 없었다. 당대 가장 인기 있는 화가는 보티첼리였는데 그가 메디치 가문의 일을 독점하다시피 했고, 주위엔 다른 쟁쟁한 경쟁자가 많았다. 다 빈치에게도 문제는 있었다. 실력만큼은 인정받았지만 고객 입장에서는 정말 까다로운 장인이었던 것이다. 그는 고집이 세고 약속된 날짜를 잘 지키지 못했다. 고객의 취향에 맞춰 적당히 그림을 그리는 법이 없다 보니 늘 승강이가 벌어졌고 늘 기한을 지키지 못해 독촉에 시달렸다. 남들이 보기엔 차일피일 시간이나 보내고 엉뚱한 것에만 관심을 가지는 화가였던 것이다. 고객들이 고개를 저으며 떨어져 나가는 건 당연했다. 게다가 문제를 한층 악화시킨 일이 있었다. 그는 피렌체를 떠들썩하게 했던 성추문에 휘말렸는데 한 동성애자와 관계한 여러 사람이 동시에 고발되었던 것이다. 고발된 사람 중에 메디치 가문의 인척이 있어 결국 유야무야 되었지만 그 과정에서 다 빈치의 평판은 매우 나빠졌을 것이다. 피렌체를 벗어나 피스토이아라는 곳에 잠시 머문 것도 그 영향일 것이라 짐작된다. 스승에게서 독립한 시기, 20대 후반의 다 빈치는 뚜렷한 작품 활동을 못하고 이런저런 일들로 다소 어수선한 시기를 보내고 있었다. 그런데 그게 전혀 의미 없는 시기였을까?

20대를 보낸 다 빈치를 한마디로 정의하자면 '완벽한 그림을 추

베로키오, 세례를 받는 예수, 1475~1478년, 177×151㎝, 우피치미술관

다 빈치, 강 풍경, 1493년, 19×28.5㎝, 우피치미술관.
젊은 시절의 다 빈치가 자기 고향인 빈치를 스케치한 그림이다.

구하는 화가'였다. 그에겐 '적당히'가 없었다. 마음에 들지 않는 부분이 있으면 그것을 완벽하게 그리기 위해 철저히 몰입했다. 필요하다면 더 근본적인 부분까지도 찾아나섰다. 그 숙제를 해결하는 데 온 힘을 기울인 그는 기한이 정해진 계약서는 완전히 잊었다. 방대한 분야를 관찰하고 메모하고 사색하고 실험한 그를 과학자라고 여기는 이가 많다. 그런데 이런 과학적 탐구의 시작점은 완벽한 그림에 대한 그의 열렬한 염원임을 잊어서는 안 된다. 그는 사람의 몸을 완벽하게 그리기 위해 무수히 많은 시체를 해부하고 그것들을 상세한 그림으로 남겼다. 방대한 양이다. 물을 완벽히 그리고 싶었던 그는 몇 달 동안 물을 관찰하고 그것을 그림으로 남겼다. 물과 하나가 될 정도로 몰입하니 물이 보이기 시작했고 수로나 댐을 설계하는 기술을 덤으로 얻게 되었다. 그뿐인가. 그는 대기를 가득 채운 공기의 풍성함을 그림에 담고 싶었고, 그것이 움직일 때 생겨나는 바람을 제대로 그리려 했다. 나는 새를 그리는 일이 쉬운가. 그는 새의 날개를 꼼꼼히 분석하고 날갯짓을 계속 관찰했다. 그 원리가 보이자 최초의 비행기를 설계해보기도 했다. 그런데 그가 가장 열심히 씨름했던 건 바로 빛과 색이었다. 그는 얼굴을 그릴 때 선을 하나 그리고 만족하지 못했다. 그는 곡면인 얼굴은 선이 아니라 색의 차이로 그려져야 자연스럽게 보인다고 생각했다. 그의 그림을 특정하는 스푸마토(안개처럼 은은한) 기법도 빛과 색을 정복하려는 그의 치열한 연구의 산물이었다.

〈수태고지〉는 다 빈치가 젊은 시절 남긴 몇 점 되지 않는 완성품의 하나이다. 원숙기와 비교해 세부적인 문제가 없진 않지만 자연을 완벽히 그림에 담으려는 그의 치열한 노력이 곳곳에서 엿보인다. 그중에서도 가운데 상단의 먼 풍경은 공기 원근법을 제대로 구현한 작품의 백미다.

그림을 그리다가 다른 연구에 몰두하는 화가, 다 빈치. 그의 노트는 방대한 분량으로 쌓여갔지만 그의 고객들은 떨어져갔다. 아무리 그림을 잘 그려도 그림을 완성하지 못하는 화가에게 돈을 줄 고객은 없었다. 경제적 어려움 속에서 서른이 된 다 빈치는 이제 자신의 인생에서 중요한 선택을 해야 했다. 피렌체를 떠날까? 그간의 노력으로 자신감을 가지게 된 그는 자신의 재능과 역량을 알아주는 주군을 위해 일하고 싶었다. 그의 마음속에 들어온 이는 밀라노에 있었다. 용병 출신으로 밀라노라는 강국을 손아귀에 넣은 벼락 출세의 상징인 스포르차 가문의 야심가로 밀라노의 실질적 지배자 자리에 오른 루도비코였다. 기회가 찾아온 것이다. 1481년 성벽 공사 전문가들이 필요했던 밀라노의 요청으로 로렌초가 기술자들을 선발했는데, 그 명단에 다 빈치도 있었다.

다 빈치, 수태고지, 1472~1475년, 98×217cm, 우피치미술관.

두오모가 지어지던 시절

이탈리아에서 그 가치로 피렌체 두오모와 쌍벽을 이룬다는 밀라노 두오모. 보는 이들을 압도하는 모습은 여전했다. 하늘을 찌르는 135개의 첨탑은 멀리서 눈을 게슴츠레하게 하고 보면 불꽃처럼 보인다. 성당 전체가 불이 붙어 맹렬히 타오르는 것 같다. 이런 모습을 불어로 플랑부아양 양식이라고 한다. 아래에서 보아도 웅장하지만 이 첨탑들을 제대로 감상하려면 옥상으로 올라가야 한다. 총 3

밀라노 두오모 광장의 일출. 두오모 성당은 아직 잠에서 깨지 않은 듯 어둠에 잠겨 있다.
성당 오른편으로 해가 걸려 있는 건물은 과거 다[illegible] 작업장이 있던 건물을 헐고 지어진 것이다.

천여 개의 조각 중에서 2천개가 넘는 조각들이 벽면과 첨탑, 공중 부벽 등 건물 전체를 덮고 있는데 그야말로 장관이다.

밀라노 두오모는 거대한 규모를 자랑한다. 고딕 양식의 건물로는 세계에서 세 번째로 큰 성당이다. 하지만 지어지는 과정에서 오랜 세월 구닥다리라 불리우는 설움도 겪었다. 14세기 말 의욕적으로 시작된 프로젝트. 당시 유럽을 지배한 '국제 고딕 양식'에 맞춰 설계되었지만 아직 본격적인 공사를 하기도 전에 새로운 유행인 르네상스 양식이 생겨나 전 유럽으로 퍼져나가는 것을 지켜봐야 했다. 말하자면 태어나기도 전에 늙은 아기가 되어버린 셈이었다. 못마땅해하는 사람들의 비아냥을 뒤로 하고 16세기말 성당으로 축성된 이후에도 공사는 계속돼 19세기에 이르러서야 완공됐다. 즉 시작부터 마무리까지 500년 가까운 시간이 걸린 것이다. 그러나 지금은 다르다. 밀라노 제일의 랜드마크로서, 세계에서 가장 아름다운 고딕 성당으로 꼽히는 두오모. 관광객들의 관심과 사랑을 받으며 예전의 설움도 많이 잊었을 것이다.

다 빈치의 일생에서 가장 중요한 주군으로 꼽히는 루도비코, 이 사람의 배경을 살펴보려면 두오모 건립이 논의되던 시점으로 잠시 거슬러 올라가야 한다. 이 성당의 건립을 지시한 이는 잔 갈레아초 비스콘티였다. 당시 밀라노를 통치하던 비스콘티 가문은 대대로 악명이 높았는데 이른바 폭군 양성소라고 불릴 만했다. 많은 세금은 기본이고 무엇보다 백성들을 함부로 대했다. 도시를 돌아보면서 맹견들을 풀어 사람들을 물게 하고 이를 즐긴 건 대표적인 사례다. 시민들의 불만이 점점 커져 갈등도 심해지자 비스콘티 가문은 궁전을 짓고 그 안으로 숨어 은둔하게 되었다. 이런 못난 가문의 지배에도 밀라노가 굳건하게 버틸 수 있었던 것은 싸우면 무조건 이기는 유능한 용병대장 프란체스코 스포르차 때문이었다. 그는 비스콘티 가문의 신임을 얻고 사위가 되었는데 마침 비스콘티 가문의 대가 끊기자 사위의 자격으로 밀라노 공의 지위에 올랐다. 1447년의 일이다. 그가 죽은 후 아들 갈레아초 마리아가 가문을 물려받았는데 그는 비스콘티 가문 못지 않게 포악하기로 이름이 높았다. 마음에 드는 여자가 있으면 남편의 양팔을 자르고 여자를 가로챘으며, 금지된 밀렵을 하다 발각된 이는 잡은 짐승을 산채로 목에 쑤셔 넣어 질식사시켰다고 한다. 그러다 그는 재위 10년 만에 살해당한다. 그의 아들 잔 갈레아초가 겨우 여섯 살 때 일이다. 그러자 어린 왕의 삼촌이었던 루도비코가 몸을 일으켰다. 공식 섭정이던 자신의 형수를 불륜죄로 고발해 감옥에 넣고 자신이 직접 섭정에 올랐다. 그해가 1476년 그의 나이 스물네 살 때의 일이다.

루도비코는 칠흑같이 검은 머리와 검은 얼굴로 '일 모로'라고 불렸다. 그는 대단한 야심가였지만 자기 조카를 죽일 수는 없었다. 주변국과 여러 강대국의 틈바구니에서 섣부른 행동은 다른 나라의 간섭을 불러들일 것이기 때문이었다. 그는 때를 기다리기로 했다. 하긴 누가 보아도 때는 올 것만 같았다.

루도비코는 밀라노를 피렌체에 버금가는 예술의 도시로 만들고 싶었다. 자신의 족보가 다른 군주들에 비해 미천하다 보니 그것을 웅장한 건물과 화려한 예술로 채워 넣으려는 마음도 있었을 것이다. 그리하여 많은 예술가를 불러들여 예우했다. 이때 불려온 예술가 중에서 알려진 인물은 건축가 브라만테였다. 그는 우르비노에서 활약했으며 르네상스 건축을 완벽하게 구현해 명성이 높았다. 다 빈치가 처음 방문한 당시 밀라노는 다른 도시와 비교해 매우 큰 도시였다. 인구가 무려 8만에 이르다 보니 성곽 안쪽의 인구밀도는 매우 높았을 것이다. 루도비코의 지휘 하에 음악과 미술이 꽃피웠고 건축 붐이 일었다. 그중에서도 밀라노의 자존심, 두오모 공사가 한창 진행 중이었다.

기록에 따르면 다 빈치 역시 브라만테와 함께 이 성당을 짓는데 관여했다. 성당의 전체 모습을 잡아가는 과정에서 자문위원 자격으로 여러 가지 조언을 했다고 한다. 밀라노의 두오모를 찾게 된다면 500여 년 전 이곳 전부를 섬세히 챙기던 그의 모습을 상상해보는 것도 좋겠다.

조반니 암브로조 데 프레디스, 루도비코 스포르차의 초상, 1490년경, 34×51㎝, 트리불지오 카스텔 도서관

라 스칼라
오페라 극장 앞

두오모 광장에서 비토리오 엠마누엘레 2세 갈레리아로 접어든다. 이 아케이드가 끝나는 곳에서 누군가를 만나야 하기 때문이다. 이런, 차질이 생겼다. 세척 작업 중이라 가림막이 쳐져 있었다. 결국 오늘은 우리가 만나야 할 사람을 못 만난다는 말이다. 저 안에서 묵은 때를 깨끗이 씻어내는 건 바로 다 빈치의 조각상이다.

19세기에 세워진 이 조각상은 밀라노의 역사에서 다 빈치가 얼마나 중요한 발자취를 남기고 갔는지를 말없이 웅변한다. 하지만 우리의 예상과 달리 그가 밀라노에 오면서 바로 성공가도를 걸은

라 스칼라 오페라 극장 앞 광장. 다 빈치의 조각상이 크리스마스를 앞두고 목욕재개 중이다.

다 빈치 조각상. 2년 전에 촬영한 것이다. 원래는 다른 곳에 세워질 예정이었는데 이탈리아 통일을 기념해 지어진 비토리오 엠마누엘레 2세 갈레리아가 완공되는 시점과 겹치면서 새로 조성된 이곳 광장에 놓이게 되었다.

것은 아니다. 엄밀히 말하자면 다 빈치는 피렌체에서 손꼽히는 대가에 들지 못했고 보여줄 수 있는 포트폴리오가 별로 없었다. 그러다 보니 사절의 일원으로 참가한 다 빈치를 특별히 주목했을 리 없다. 그러므로 밀라노에 머물기로 결심한 만큼 빠른 시일 내에 루도비코의 인정을 받아야 했다.

실마리는 조금 색다르게 찾아왔다. 궁정에서 음악 경연이 펼쳐졌는데 이때 다 빈치는 자신이 직접 만든 은제 류트를 연주해 많은 갈채를 받으며 우승했다고 한다. 그의 연주를 듣고 루도비코가 매우 감탄했다고 전해지는데 이것이 눈도장을 받게 된 첫 번째 기회였다. 그 뒤로는 미술에서도 중요한 프로젝트를 맡게 된다. 〈암굴의 성모〉를 암브로시오 형제들과 제작해 인정을 받은 그는 당시 루도비코가 사랑했던 어린 애첩 체칠리아 갈레라니를 그리게 된다. 〈흰담비를 안은 여인〉으로 알려진 이 그림은 루도비코의 마음에 쏙 들었을 뿐 아니라 많은 이의 찬사와 더불어 밀라노 최고의 화가라는 지위도 얻게 해주었다. 루도비코는 이야기를 나눌 때면 늘 유쾌한 지적 자극을 던져 주는 다 빈치를 좋아하게 되었다. 그리고 그를 통 크게 지원하기 시작했다.

그 첫 프로젝트는 루도비코의 아버지 프란체스코 스포르차의 기마상을 만드는 일이었다. 다 빈치는 이 일을 맡으면서 큰 작업장을 하사받았다. 말하자면 루도비코로부터 '숙식을 제공받는' 예우의 대상이 된 것이다. 이 저택은 예전에 밀라노를 지배한 비스콘티 가문이 살던 곳이었다니 얼마나 전폭적인 지원이었는지를 알 수 있다. 당시 밀라노 사람들은 이 큰 저택 지붕에 매달린 비행기를 보면서 다 빈치를 '신비하고 엉뚱한 인물'로 여기게 되었다고 한다.

다 빈치, 흰 담비를 안은 여인의 초상, 1485년, 54.8×40.3cm, 차르토리스키미술관

스포르체스코 성의 추억

우리는 발걸음을 옮겨 스포르체스코 성으로 향했다. 스포르차의 성. 이탈리아 통일의 영웅 가리발디 장군 동상이 높이 서 있고 저 멀리 웅장한 성이 갈색의 자태를 뽐내고 있다. 비스콘티 가문이 처음 지었을 때 이곳은 궁전이었다. 그것을 훗날 거대한 성으로 증축한 사람은 루도비코였고 이 공사에 그가 초빙한 여러 예술가가 활약하게 된다.

정문으로 들어오니 떠오르는 햇살이 비스듬히 내린다. 이곳 안뜰이 제법 넓다. 사방이 막혀서 아늑한 느낌을 준다. 여기에 서고 보니 다 빈치가 연출했다는 화려하고 신비로운 무대를 상상할 수 있다. 그 자리는 밀라노의 공식적인 지배자이나 루도비코의 손아귀에서 허수아비에 불과했던 조카 잔 갈레아초의 결혼 축하연이었다. 여섯 살에 밀라노 공이 되어 그간 삼촌 밑에서 아무 생각 없이 살던 그가 이제 스무 살이 되어 결혼하게 된 것이다. 루도비코는 과시욕이 남달

가리발디 기마상

스포르체스코 성의 넓은 안뜰.

랐다. 아라곤의 이사벨라 공주를 조카의 신부로 맞이하는 이날 외부 손님을 많이 초대했는데, 그는 자신의 치세를 과시하는 자리로 만들고 싶었다. 축하공연의 하이라이트가 다 빈치에게 주어졌다. 그는 밤하늘을 이 뜰에 재현하려 했다고 한다. 이른바 우주쇼를 기획한 것이다. '일 파라디소' 즉 천국이라 이름 붙여진 그 쇼는 지금도 기록에 남아 있다.

"거대한 계란 반쪽을 위에서 본 듯한 무대였다. 가운데는 모두 금으로 덮였고 마치 별이 빛나듯 매우 많은 조명이 설치되었다. 벽에는 단계에 따라 행성 일곱 개가 높고 낮게 걸려 있었다. 반구의 꼭대기 끝자락 주위에는 유리 뒤로 빛이 비치며 황도를 이루는 열두 별자리가 위치해 웅장하고 아름다운 광경을 연출했다. 이 파라디소 안에서 멋진 음악과 소리가 울려 퍼졌다."

눈부신 무대, 기계장치로 움직이는 별들, 행성으로 분장한 매력적인 남자들이 음악에 맞춰 군무를 펼치며 한 명씩 앞으로 나와 관객에게 감동적인 시를 들려주었다고 전해진다. 말만 들어도 지금의 뮤지컬 저리 가라 할 스케일과 기획이다. 이 파티에 참가한 이들 모두의 넋을 빼앗는 쇼였으리라. 그리고 루도비코가 대단한 보물을 곁에 두고 있다는 이야기가 멀리 멀리 퍼져나갔다.

그날 밤 루도비코 역시 다 빈치의 재능을 제대로 확인한 셈이었다. 늘 엉뚱하고 기상천외한 이야기를 즐겨 해대는 다 빈치가 마음속 한 켠으로는 못미더울 때가 있었는데 이젠 한 점의 의심 없이 그의 재능을 믿게 되었다. 그러고는 무슨 일이든 다 빈치를 찾았다. 군사적인 문제부터 토목, 의전, 실내장식에 이르기까지 궁정 수석 기술자문의 역할이 주어진 것이다. 자신이 모시는 주군이 필요로 하는 걸 해결해주면서 여유 시간에는 자신의 관심사에 몰두할 수 있는 직업. 다 빈치는 그리도 오랫동안 꿈꿔온 자리를 얻게 되었다.

그 이듬해인 1491년이다. 루도비코 자신의 결혼식이 열렸다. 밀라노의 실질적인 안주인이 될 사람이 오게 된 것이다. 그녀는 페라라의 지배자 데스테 가문의 베아트리체였다. 순전히 정치적인 이유로 그녀는 루도비코의 아내로 정해졌는데 그녀의 나이 겨우 네 살 때였다. 그 후 11년 만에 이뤄진 결혼이었다. 그녀는 철저한 교육을 통해 한 나라의 안주인으로서의 소양을 완벽하게 갖춘 여인이었다. 그러면서도 통통 튀는 매력으로 궁정을 늘 활기차게 만들었다고 한다. 몸이 뻐근하면 직접 말을 타고 나가 사냥하고 와야 직성이 풀리는 타입이었다고 하니 어느 정도였을지 짐작이 된다. 그녀는 남편을 대신해 여러 국제 회의에 참석하기도 했다. 남편이 조카의 사후 왕위를 계승할 수 있도록 손을 쓰고, 프랑스와 이탈리아 여러 나라의 평화 교섭에도 개입해 뛰어난 정치력을 선보이기도 했다. 실

프레디스, 베아트리체 데스테의 초상, 1490년경, 34×51cm, 암브로시아나미술관

제로 잔 갈레아초가 죽은 후 밀라노의 완전한 주인은 루도비코의 차지가 되었는데 이는 모두 베아트리체의 활약 덕분이었다. 유럽 전역에 남편을 능가하는 배포와 역량을 가진 여성으로 알려질 정도로 그녀의 명성은 대단했다. 결혼을 맞아 암브로조 데 프레디스와 다 빈치가 함께 그린 그녀의 모습은 롬바르디아를 지배할 열다섯 살 여걸의 재기발랄하고 자신감 넘치는 성향을 그대로 보여준다.

혹자는 다 빈치처럼 금방 싫증 내는 사람이 밀라노 궁정에서 17년이나 머문 것을 의외라고 말한다. 하지만 생각해보라. 베아트리체와 같은 사람과 함께 지내는 동안 잠시라도 싫증날 수가 있었을까? 어디로 튈지 모르는 안주인을 모시던 이 시기만큼은 다 빈치 자신에게도 늘 신선한 즐거움이 있는 나날이었을 것이다.

최후의 만찬

밀라노 산타 마리아 델레 그라치에 성당. 부속 수도원 건물 식당에 〈최후의 만찬〉이 보존되어 있다. 이 그림을 꼭 보려면 예매하는 것이 좋다. 인원 제한이 있기 때문이다.

'세나콜로 빈시아노' 이탈리아 사람들은 〈최후의 만찬〉을 이렇게 부른다. 이 작품을 그리던 시절 다 빈치는 제자들을 두고 왕성한 활동을 하고 있었다. 양아들처럼 평생을 함께할 제자 살라이가 그의 공방으로 온 것도 이 무렵이다. 기마상 제작이 그가 해야 했던 가장 중요한 일이었는데 이와 더불어 그가 가장 큰 관심을 보인 일은 대 수학자 루카 파치올리와의 교류였다. 그 무렵 밀라노에 왔던 파치올리와 함께 수학을 연구하면서 추상적 기하학에 매료된 그는 파치올리의 저술에 자신이 직접 도형 삽화를 그려주기도 했다.

또한 그를 통해 조화와 비례, 황금비율 등의 개념을 이해하고 이를 그림에 적극적으로 도입하기도 했다. 많은 이가 다 빈치의 그림에서 수학적 비례의 비밀을 찾으려 노력한 것도 다 이 때문이다. 경제적으로도 여건이 한결 나아졌다. 다 빈치의 활동에 대한 보답으로 루도비코가 포도밭을 하사했기 때문이다.

〈최후의 만찬〉은 루도비코의 요청으로 시작되었다. 이 그림 앞에

다 빈치, 최후의 만찬, 1497년, 460×880cm, 산타 마리아 델레 그라치에 성당

서서 다들 놀라는 건 이 그림이 매우 크다는 것 때문이다. 예수를 비롯한 등장인물들은 거의 등신대에 가까울 정도로 크다. 같은 소재로 그린 다른 화가들의 작품과는 달리 다 빈치는 저녁 만찬 중에 예수가 던진 한마디로 마구 소란해지는 장면을 그렸다. "너희 중에 하나가 나를 그들에게 팔 것이다." 이 작품이 위대한 그림으로 평가받는 것은 등장인물들의 겉모습뿐만이 아니라 그들의 내면

과 영혼까지 그렸기 때문이다. 성서에 나오는 개개인의 성품을 깊이 고찰하고 예수의 놀라운 이야기 앞에서 그들이 보일 수밖에 없는 모습을 매우 설득력 있게 구현해냈다. 이를 어떻게 그려냈을까?

이 그림과 관련해 여러 일화가 전해지는데 그중 하나는 밀라노의 소설가로 이름을 얻은 마테오 반델로가 전하는 것이다. 그는 어린 시절 이 수도원에서 수련을 받았는데 그때 다 빈치가 벽화를 그리는 모습을 직접 보았다고 한다.

"그는 새벽부터 날이 저물 때까지 작업장에 머물렀는데 어떤 때에는 한 번도 붓을 놓지 않고 쉬지 않고 그렸다. 그런가 하면 어떤 때에는 며칠이 지나도록 붓을 들지도 않고 그냥 그림을 뚫어지게 바라보는 때도 있었다. 하루는 정오의 뙤약볕이 내리쬐는 데도 기마상을 만드는 작업장에서 이곳으로 뛰어와 단 두 획만 슥슥 그리고는 다시 돌아가기도 했다."

이 짧은 이야기만으로도 그가 작업하는 모습이 전체적으로 그려진다. 이탈리아 여름은 아주 덥다. 그것도 정오의 뙤약볕이라니. 이 일화는 그가 몰입의 대가였음을 말해준다. 자신의 정신을 집중해서 생각하고 또 생각하면 우연히 어떤 영감이 떠오르는 때가 있는데, 이 영감이 사라지기 전에 그 먼 길을 달려와 그림을 손본 것이었다. 그 붓질은 두 획에 불과했지만 이는 그가 쏟은 노력과 집중의 산물이라는 점에서 결코 가벼이 여길 수 있는 것이 아니다. 이런 영감이 모이고 모여서 하나의 작품을 걸작으로 만들기 때문이다.

작품이 중반을 넘기면서 중요 인물을 남겨두고 있을 무렵부터 작업 속도가 매우 더뎌졌다. 이를 보고 참다 못한 수도원장이 루도비코에게 찾아가 고자질하기에 이른다. 다 빈치가 돈만 받아먹으면서 게으름을 피우고 일을 하지 않으니 따끔하게 혼내야 한다는 것이었다. 다 빈치가 불려와 보니 루도비코의 난처한 얼굴로 보아 상황이 짐작되었다. 그러자 다 빈치는 이렇게 말했다.

"제가 지금 주 예수를 배반하는 유다의 얼굴을 찾고 있습니다. 상당히 악독한 표정의 주인공이 필요한데, 실은 수도원장의 얼굴이 매우 비슷합니다. 허락하신다면 그분의 얼굴을 그리고 싶습니다."

이 말을 들은 루도비코가 통쾌하다는 듯이 껄껄 웃는 가운데 수도원장은 찍소리 못하고 그 길로 수도원으로 돌아갔다. 그러고는 텃밭을 가꾸는 일에만 전념할 뿐, 다시는 작업장에 얼굴을 들이밀지 않았다고 한다.

행복이 영원할 수 있다면 얼마나 좋을까. 다 빈치의 밀라노 시절도 이제 저물고 있었다. 그 시작은 밀라노 여주인의 죽음으로 시작되었다. 베아트리체. 르네상스를 자신의 시대로 만든 여걸은 인생 최고의 시기를 보내고 있었다. 온 유럽에서 재기와 역량을 인정받은 여인. 두 아들의 어머니이기도 한 그녀는 이제 새로운 아기 출산을 기다리고 있었다. 궁전에서 무도회가 있었는데 만삭의 몸이지만 그녀를 말릴 수 있는 사람은 없었다. 무도회장을 휘저으며 신나게 춤을 추던 그녀는 갑자기 진통을 느껴 해산에 들어갔는데 그 뒤로 불과 한 시간 만에 숨을 거두고 말았다. 아이 역시 죽어 있었다. 밀라노의 안주인이 된지 6년. 그녀의 나이 겨우 스물하나였다.

아내를 너무나 사랑한 루도비코의 충격은 컸다. 다 빈치도 역시 깊은 슬픔에 빠졌을 것이다. 지혜로운 아내가 없어서였을까? 이후 루도비코의 욕심이 잘못된 결과로 이어지면서 밀라노에 어두운 그림자가 드리워졌다. 프랑스와 신성로마제국 사이에서 이익을 챙기려던 루도비코. 하지만 프랑스는 그의 기회주의를 용서하지 않았다. 새로 왕위에 오른 루이 12세가 대군을 이끌로 밀라노를 침공한 것이다. 그간 인심을 잃은 루도비코를 돕는 나라는 없었다.

프랑스 왕의 용병대를 이끄는 젊은 장수는 체사레 보르자였다. 그는 루도비코가 버리고 도망친 스포르체스코 성을 무혈점령했다.

루이 12세와 체사레는 '일 모로의 보물'이라 불린 다 빈치를 어떻게 대했을까? 자세한 기록은 남아 있지 않지만 그들도 이미 거장이 된 다 빈치를 정중하게 예우한 것 같다. 그들이 주문한 일들을 다 빈치가 맡아서 했다는 기록도 남아 있다. 하지만 그의 병사들은 달랐다. 프란체스코 스포르차를 기리기 위해 다 빈치가 모형으로 만들어 둔 거대한 점토 기마상을 사격 연습을 하면서 부숴버린 것이다. 그 뒤로 병력을 모은 루도비코가 자기 땅을 되찾으려고 침공하면서 밀라노는 다시 혼란에 빠졌다. 다 빈치는 어느 쪽이 승리하든 더 이상 밀라노에 남아 있기 어렵게 되었다. 그의 밀라노 시절도 그렇게 끝나고 있었다.

루도비코는 그 뒤로 어떻게 되을었까? 그는 프랑스군과 싸우다 잡혀 결국 프랑스로 끌려갔다. 그의 배신에 분노했던 프랑스 왕은 그를 가혹하게 대했다. 차가운 감옥에 가둔 후 쓰레기 같은 음식을 주고, 병사들이 그를 함부로 대하도록 했다. 그는 수모를 견디며 재기를 노렸고, 탈옥도 했지만 결국 다시 잡혀와 끔찍한 생활을 다시 해야 했다. 그렇게 시간이 흘렀고 한 시대를 호령하던 다 빈치의 주군, 루도비코는 프랑스 저 먼 이국 땅에서 55년의 삶과 모진 숨을 거두었다.

스포르체스코 성 정문.
이 문으로 프랑스 군이 밀려들어 오면서 루도비코의 시대는 막을 내렸다. 루도비코는 부친을 기리는 기마상에 쓸 청동까지 녹여 전쟁 준비를 했지만 막상 전쟁이 시작되자 도망가기에 급급했다.

다 빈치의 기적

피렌체와 밀라노에서 자신의 젊은 날을 보낸 다 빈치는 마흔일곱의 나이에 주군을 잃고 10여 년 동안 방랑 생활을 한다. 한 곳에 정착하지 못하고 만토바에서 베네치아로, 피렌체에서 다시 밀라노 옮겨 다닌 그는, 1516년 어느 날 프랑스의 젊은 왕 프랑소아 1세의 초청을 받게 된다. 다 빈치를 매우 존경했던 왕은 앙부아즈 성에 아름다운 저택을 마련해 이미 60대에 접어든 한 시대의 거장을 정성스럽게 모셨다. 다 빈치가 할 것은 없었다. 가끔 왕이 찾으면 대화를 나누고 기력이 남으면 〈모나리자〉를 다듬고 지냈다. 먼 이국 땅에서 그렇게 시간이 갔다. 그리고 몸소 와서 임종을 지킨 왕의 품에서 그는 영원히 잠들었다.

다 빈치는 피렌체에서 자랐다. 그곳은 다 빈치의 창조성이 피어나는 데 더할 나위 없이 좋은 토양을 제공했다. 그는 보티첼리로 대표되는 피렌체 르네상스 2세대에 속하면서 동시에 미켈란젤로로 대표되는 로마 르네상스의 황금기 세대와도 연결되는 교량적 위치에 있다. 베로키오 공방에서 그는 르네상스 선구자들의 업적을 그대로 물려받을 수 있었고, 주위 대가들로부터 많은 배움을 얻을 수 있었다. 특히 알베르티는 그에게 많은 영향을 주었다. 르네상스 최고의 만능인으로 손꼽히던 알베르티는 어린 다 빈치에게 인습이나 권위에 굴복하지 않고 자기만의 강점과 개성을 만드는 것이 중요하다는 것을 알려주었다. 그에게 감화를 받은 다 빈치는 자신의 스타일을 확신하게 되었다. 그리고 스승을 맹목적으로 따라 하는 사람들을 높이 평가하지 않았다. 자신의 중심을 세우지 못했다는 이유에서였다.

"위대한 사람을 따라 하라. 하지만 그런 사람은 드물다. 그저 스승이라 해서 그대로 따라 하는 것만큼 어리석은 일은 없다. 샘을 찾아가야지 고작 물병을 따라가서야 되겠는가?"

앵그르, 다 빈치의 임종을 지키는 프랑소아 1세, 1818년, 40x50.5㎝, 보자르미술관

그는 14세기 피렌체 최고의 화가였던 조토를 존경했는데 그가 스승 치마부에를 모방하는 것에 그치지 않고 자신만의 그림을 그린 것을 높이 평가한 때문이었다. 그는 이러한 가치관을 스스로 실천했다. 스승과 선배들에게 많은 영향을 받았지만 치열한 탐구를 거쳐 결국 자신만의 그림을 만들어낸 것이다. 그의 그림은 스타일 면에서도 이전 세대에 비해 훨씬 부드럽고 자연스러웠다. 그럴듯하게 대충 그려진 부분이 없었다. 하지만 모두를 감탄케 한 것은 깊이였다. 겉모습을 똑같이 그리는 데 머문 것이 아니라 인물의 표정과 분위기를 통해 내면에 일렁이는 영혼까지 그리려 했다. 이러한 그의 시도는 시대를 엄청나게 앞선 것이었다. 그의 선배 화가들마

피렌체 아르노 강에서 멀지 않은 곳에 있는 루첼라이 저택. 팔방미인으로 모든 분야에 능통했던 알베르티가 설계한 집으로 고대 로마의 건축물 문양을 개인저택에 도입한 기념비적인 건축이다. 피렌체 혼란기에는 이 건물이 플라톤 아카데미로 사용되기도 했다.

저도 자존심 내려두고 '다 빈치 풍'으로 그리기 위해 많은 노력을 했다고 전해진다. 그러니 그의 뒤를 이은 화가들은 어땠겠는가. 그들은 사물을 보는 눈과 그림을 보는 눈을 그에게 배웠다. 16세기 그림이 놀랍게 사실적으로 변하는 데에는 다 빈치의 영향력이 절대적이다. 그가 없었다면 라파엘로마저도 반쪽의 성취만 이뤘을 것이라 단언하는 이도 있다. 라파엘로는 평소 다 빈치에 대한 존경심을 자주 표현했다고 한다.

다 빈치. 그는 분명 르네상스를 통틀어 가장 밝게 빛나는 별 중 하나임이 분명하다. 하지만 그가 남긴 그림은 작품 수로만 보면 기껏 스무 편 남짓이다. 〈모나리자〉나 〈최후의 만찬〉처럼 감히 범접할 수 없는 일당백 이상의 그림이 있다고는 하지만 결과물만 놓고 볼 때 그는 라파엘로나 티치아노가 있는 가장 높은 자리에 서지는 못한다. 하지만 많은 미술사가가 인정하는 것처럼 그의 위대함은 '결과물로서의 그림'에 있지 않다. 그는 하나의 그림을 그리더라도 제대로 그리려 했고 이 과정을 방대한 분량의 자신의 노트에 남겼다. 무려 만3천페이지에 달하는 것으로 알려진 그의 노트는 그가 치열하게 고민한 '과정으로서의 그림'을 매우 상세히 보여준다.

해부도를 그린 그의 노트 한쪽 구석에는 아래와 같은 메모가 있다.

"훌륭한 문법학자에게 라틴어 어원을 아는 것이 꼭 필요하듯, 훌륭한 화가에게는 이런 연습이 꼭 필요하다."

우린 그가 이런 연습을 많이 했다는 건 알고 있었다. 하지만 그 일이 얼마나 징그럽고 역한 것이었을지, 며칠이고 한자리에 앉아 죽은 사람을 꼼꼼히 그리는 것이 얼마나 지루한 일이었을지는 쉽게 생각이 미치지 않았다. 그가 들인 노력의 무게가 가늠이 되는가. 그의 그림 뒤에는 엄청난 두께의 해부도와 자연관찰이 겹쳐져 있음을 상상해본다면 그가 완성해낸 그림을 가볍게 볼 수 없게 된다. 그림을 구성하는 모든 부분에 그의 땀과 고뇌가 담겨 있기

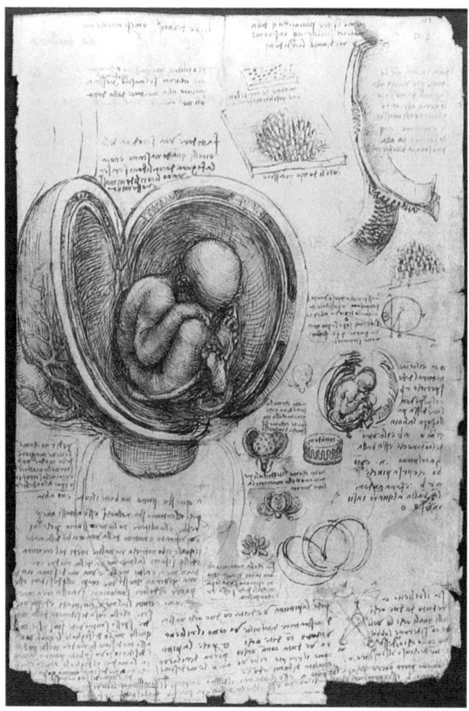

죽은 산모의 뱃속에 들어 있던 태아를 그린 그림.
윈저 성 왕립도서관 소장

때문이다.

다 빈치는 앞서 말했듯 가장 밝게 빛나는 별 중 하나일 것이다. 하지만 르네상스라는 은하에서 다른 별들과는 조금 떨어진 곳에서 빛난다. 그는 어린 시절부터 옷을 잘 입고 말을 잘 길들였으며, 류트 연주를 즐겼다고 한다. 또한 유머감각이 있어 사람들을 깜짝 놀라게 하기를 좋아했다고 하는데 지금으로 보자면 탁월한 공연 기획자였던 셈이다. 참 다재다능했던 사람이다.

밀라노 시절 그가 연출했던 수많은 쇼와 공연은 어땠을까. 상상은 나래를 편다. 타임머신이 발명된다면 꼭 가보고 싶은 곳이 바로 다 빈치가 있던 스포르체스코 성이다. 그중 하루만 고르라면 당연

다 빈치의 초상. 27.5×19㎝, 윈저 성 왕립도서관 소장.
프란체스코 멜치가 그린 것으로 추정되는 이 그림에는 잘생긴 그의 옆모습이 드러나 있다.

히 1490년 잔 갈레아초 스포르차의 결혼식 날이어야 할 듯하다. 그날의 기획 공연인 '일 파라디소'를 봐야 하지 않겠는가.

우리는 다 빈치가 우리에게 남겨준 업적들이 집요한 호기심과 탐구심에서 시작되었음을 살펴보았다. 거기에 끈기가 더해지니, 그가 결과로서의 그림은 너무 적게 남겼지만 과정으로서의 그림은 어마어마하게 남겼다. 전기 작가들은 이러한 점을 너무나 아쉽게 여긴다. 특히 해부학과 광학에 지나치게 많은 시간을 들이다보니 실제 작품을 그릴 시간이 없었다는 것이다. 하지만 어쩌겠는가. 다 빈치는 그렇게 태어난 것을. 뒤집어 생각하면 다 빈치의 기적은 그의 기록 습관에서 찾아야 하는 것인지도 모르겠다. 그는 어떤 생각이든 자신의 노트에 기록하고 또 기록하면서 필요한 경우 언제든 그 노트를 챙겨보았다. 그렇게 자기만의 지식을 하나하나 쌓아갔던 것이다. 기록은 자신의 생각을 가지런히 정리하게 해주고 무엇을 더 알아야 하는지 깨닫게 해준다. 중간 목적지이자 새로운 출발점이 되는 셈이다.

이러한 그의 호기심과 탐구심, 끈기, 기록하는 습관 등은 그의 개성과 작품 세계를 드러내는 데 유용하지만 그의 탁월함을 설명하는 데에는 다소 부족하다. 나는 그의 놀라운 탁월함이 몰입하는 태도에서 만들어졌다고 생각한다. 그는 의문이 풀리지 않을 때면 몇 시간이고 집중해서 생각했다. 새로운 아이디어를 구상할 때에도 그는 자신의 노트를 뒤져보고 생각에 생각을 거듭했다. 놀라운 창조는 단편적인 지식에서 만들어지지 않는다. 아무리 지식을 많이 쌓아도 지식은 지식에 불과하다. 지식을 쌓은 다음엔 융합이 일어나야 한다. 지식과 지식이 교차하는 지점에서 어떤 지적 폭발이 있어야 한다.

다 빈치는 이러한 몰입을 통해 영감을 얻고 그 영감을 자신의 작품과 노트에 담았다. 그의 그 방대한 노트는 몰입의 순간을 담은 비망록인 것이다. 그림에서도 그는 몰입을 통해 위대한 창조성을 이뤄냈다. 〈최후의 만찬〉을 그릴 때 그의 모습을 떠올려보자. 한나절 동안 그대로 서서 생각하고 생각해 겨우 붓질을 한 번밖에 못한 적도 있었다. 완전한 몰입 그 자체다. 겉모습을 보여주는 기교에만 집착했다면 그렇게 오랫동안 궁리할 필요가 없었을 것이다. 그는 인물의 내면, 영혼까지 담아내는 전혀 새로운 차원의 그림을 보여주려 했다. 〈모나리자〉는 모두가 알듯이 그가 죽기 전까지 늘 갖고 다니면서 고치고 또 고친 그림이다. 거기에 이 원숙한 천재의 빛나는 영감이 얼마나 녹아 들었을지 가늠할 길이 없다. 〈모나리자〉를 보면서 우리는 설명할 길 없는 신비로운 느낌에 휩싸인다. 많은

다 빈치, 모나리자, 1503~1506년, 77×53㎝, 루브르박물관

이가 모나리자를 일컬어 살아 있는 그림이라고 부르지 않는가. 이러한 현상은 불가능해 보이기만 하던 다 빈치의 도전이 멋지게 성공했음을 의미한다. 세계 최고의 그림으로 불리는 건, 바로 그 이유일 것이다. 지금도 한 해 천만 명에 가까운 사람들이 모나리자를 찾는다. 세상의 상식으로 받아들이기엔 너무나 위대했고, 그 때문에 오랜 방랑을 해야 했던 한 천재의 기적을 보려는 이들이다.

신비의 옷을 입은 다 빈치

밀라노에서 다 빈치의 발자취를 찾고 있었다. 스포르체스코 궁에서, 〈최후의 만찬〉을 간직한 산타 마리아 델레 그라치에 성당에서, 그의 동상이 서 있는 라 스칼라 광장에서도. 그의 모습을 찾고 있음에도 그는 선뜻 자신의 모습을 보여주지 않았다. 이곳은 밀라노의 한복판에 있는 두오모 광장이다. 막 해가 뜨고 있는 이곳에 아직 관광객은 많지 않았다. 출근을 서두르는 밀라노 사람들의 발걸음이 경쾌해 보이고, 광장을 지키는 비둘기들이 아침을 해결하기 위해 인심 후한 관광객들을 기다리고 있었다. 아침 햇살의 강렬

함이 짙은 그림자를 만들며 비둘기들의 날갯짓을 선명하게 보여주었다. 다 빈치는 새장 안에 갇힌 새들을 풀어주고 그들이 날아가는 모습을 보며 어린 아이처럼 즐거워했다고 한다. 새를 통해 자유의지를 대리만족하려 했던 것이다. 자유로운 영혼, 다 빈치는 어딘가에서 새로운 생각에 잠겨 있는 건지.

밀라노의 두오모 광장은 다 빈치의 흔적을 찾아내는 데 딱이었다. 지금은 새로운 건물이 들어서 있지만, 두오모의 오른편으로 다 빈치의 작업장이자 큰 저택이 있었다고 꿀구라는 의미심장한 어투로 설명했다. 나는 촉을 곤두세우고 그의 흔적을 찾았지만 가뜩이나 신비주의로 무장한 그를 찾아낸다는 것은 세기적 숨바꼭질처럼 느껴졌다. 해가 떠오른 지도 꽤 되었건만 두오모의 정면은 어둠에 휩싸여 좀처럼 밝아오지 않았다. 잠시 후 성당 파사드에는 빛으로 그리는 형용할 수 없는 명장면들이 순식간에 그려지고 사라졌다. 셔터를 누를 새도 없을 정도의 찰나였다. 사진이 찰나의 예술이라는 것도 순전 거짓말이 되고 말았다. 의욕을 상실하고 발걸음을 돌리려는 순간, 따스한 온기가 주위를 감돌며 다가오는 느낌을 받았다. 그가 살며시 모습을 드러낸 것이다. 그저 신비로울 뿐…. 심증은 있으나 물증이 없으니 답답할 노릇이었다.

다 빈치의 가장 행복한 시절을 바라보다

어둠 속 한 줄기 빛처럼 고뇌하는 삶에서 찾아오는 행복감은 더욱 빛이 난다. 다 빈치가 스포르체스코 궁에서 지낸 시절과 같을 것이다.

이곳은 스포르체스코 성 안뜰이다. 밀라노 시절, 다 빈치는 행복을 만나고 있었다. 그가 스포르체스코 성에서 활기찬 삶을 살 수 있던 것은 그에 대한 관심과 인정에서였다. 그를 인정해준 주인이 있기에 가능했던 일이다. 범인이든 천재든 관계없이 관심을 받는다는 것은 즐거운 일이 아닐 수 없다. 루도비코의 아내인 베아트리체가 이 성의 살림을 맡던 시절이었고, 그녀의 갑작스런 죽음으로 인해 그 시기는 너무나 짧았다. 짧았기에 더욱 그 시절에 대한 기억은 애틋했을 것이다. 꽃이 아름다운 이유가 한정된 시간인 것처럼.

오후의 햇살이 문틈 사이로 길게 드리워져 있었다. 지금이라도 열린 문 사이로 베아트리체가 뛰어들어오고, 그 뒤로는 동갑내기 주군과 신하인 루도비코와 다 빈치가 두런두런 이야기를 나누며 걸어들어올 것만 같았다. 가뭄에 대비해 수로를 만드는 일부터 다음 달 축하파티를 꾸미는 일까지 많은 이야기를 나누면서 말이다. 루도비코가 아내 베아트리체에게 준 깜짝 선물도 다 빈치의 조언이 있었을 것이다. 그 모든 것을 인정해준 주군과 자유롭게 생각을 펼치던 다 빈치에게 이 시기만큼 행복한 시절이 또 있었을까?

베키오 궁전의 벽화 대결

다 빈치는 루도비코가 실각한 후 정치적 혼란이 벌어진 밀라노를 떠나 방랑길에 나섰다. 그러던 그가 루도비코 대신 섬긴 주군은 당시 교황 알렉산데르 6세의 아들이자 교황군 총사령관으로 로마냐 지방의 지배자였던 체사레 보르자였다. 체사레는 냉혈한으로 알려진 인물이다. 아버지인 알렉산데르 교황이 죽기 전에 로마냐 전역을 지배해 왕국을 세우고 스스로 왕이 되려던 그는 수단과 방법을 가리지 않았다. 밀라노와 피렌체까지 굴복시키며 마치 솟아오르는 태양과 같은 기세로 도약하는 그를 마키아벨리는 이상적인 군주의 모습이라 여겼고, 이후 《군주론》을 쓰게 된 것도 체사레를 염두에 두고 썼다.

체사레는 다 빈치를 후하게 대접하고 그의 뛰어난 아이디어를 높이 샀다. 하지만 체사레의 영광도 오래가지 않았다. 부친 알렉산데르 6세 교황이 의문의 죽음을 당하고 반대파인 율리우스 2세가 교황에 오르면서 그는 낭떠러지로 추락하듯 몰락하고 말았다. 1503년 다 빈치는 다시 갈 곳을 잃었다. 그는 고향으로 향했다.

그해 다 빈치에게 대형 프로젝트가 주어졌다. 베키오 궁전에 있는 대회의실 벽에 시민들의 애국심을 고취시키기 위한 대형 벽화를 그리게 된 것이다. 그때 정부를 이끌던 실질적 인물은 마키아벨리였는데, 그는 재미있는 생각을 떠올렸다. 피렌체가 낳은 두 명의 대표적 예술가에게 똑같은 일거리를 주고 한 자리에서 경쟁시키는 것이었다. 그래서 다른 벽면을 그리는 일은 미켈란젤로에게 주었다. 당연히 시민들의 관심에 불이 붙었다. 그리고 쉰둘의 노화가와 스물아홉 살의 젊은 거장 중 누가 더 뛰어난지 입씨름을 벌이는 이도 많았다. 겉으로야 태연한 척 했겠지만 두 사람에게도 매우 신경 쓰이는 일이었을 것이다. 자존심을 건 대결이어서 모든 정성을 쏟아 작업을 했다.

다 빈치는 밀라노 군을 격파하는 장면을 담은 앙기아리 전투를 주제로 그렸다. 1505년 2월까지 완성하기로 되어 있었지만 그해 4월이 되어서야 밑그림만 겨우 완성했을 뿐이다. 하지만 밑그림만으로도 사람들의 감탄이 이어졌다. 말과 장수가 한데 얽혀 격렬한 몸싸움을 벌이고 있는 찰나가 생생하게 그려졌기 때문이다. 여기에는 움직임만이 아니라 인간의 분노와 증오 같은 심리 묘사도 섬세하게 그려져 있었다고 한다. 하지만 이 그림은 완성되지 못하고 결국 사라졌는데, 그 와중에도 천만 다행인 것은 우리에게 이 그림의 모사본이 전해지고 있다는 것이다. 모사본만 보아도 원본이 얼마나 생동감 있는 걸작이었는지 짐작할 수 있다. 밑그림이 그려졌다는 자

루벤스, 앙기아리 전투, 1603년, 45.2 x 63.7 cm, 루브르박물관. 다 빈치의 작품을 모사했다.

바스티아노 다 상갈로, 카시나 전투(가운데 부분), 1542년, 77×130㎝, 영국 노퍽 홀컴홀, 미켈란젤로의 제자 상갈로가 모사한 작품이다.

리는 이제 조르조 바사리의 그림이 차지하고 있는데 많은 이가 바사리의 그림 뒤에 다 빈치의 그림이 있을 것이라 믿는다. 그건 바사리가 자신의 그림 구석에 '찾으라, 그러면 구할 것이다'라는 묘한 서명을 해두었기 때문이다. 고민이 아닐 수 없다. 다 빈치의 그림을 되찾는 것은 가능성에 불과하다. 그 가능성을 위해 바사리의 그림을 훼손해도 될까? 많은 이가 이에 대해 여전히 논쟁 중이다.

미켈란젤로는 조금 색다른 그림으로 맞섰다. 그는 피사와의 전쟁을 소재로 한 카시나 전투의 한 장면을 그렸다. 그런데 그의 그림은 다 빈치와는 달리 긴박한 전투 장면을 그린 것이 아니라 한가로이 목욕하던 일군의 병사들이 적의 기습에 놀라 전투 채비에 나서는 순간을 그렸다. 그도 역시 그림을 완성하지 못하고 교황의 부름을 받아 로마로 떠나고 말았는데, 제자에 의해 모사된 이 그림을 통해 갖가지 뒤틀린 자세로 꿈틀거리는 남자 누드를 질리도록 감상할 수 있다.

나는 이 그림을 보면서 미켈란젤로의 고심을 엿볼 수 있었다. 그간 조각가로서만 경력을 쌓아 온 그로서는 조각을 위한 데생에는 자신이 있었지만 막상 대형 벽화를 그리는 일에는 다 빈치를 능가할 자신이 없었던 것 같다. 그러다 보니 자신의 장기인 남성의 누드로 화면을 꽉 채우는 방법을 고육지책으로 생각하지 않았을까 추측하게 된다.

미켈란젤로는 다 빈치의 예술을 존중하긴 했지만 개인적으로는 그닥 좋아하지는 않았던 것으로 보인다. 이런 일화가 전해진다.

하루는 다 빈치가 친구와 함께 산타 트리니타 광장을 걷고 있었는데 거기에 모여 토론하던 이들이 다 빈치를 불러서 질문을 했다. 하필이면 그 내용이 단테의 시 중에서 난해한 부분이었는데, 마침 광장에 미켈란젤로가 나타나자 다 빈치가 말했다.

"여기 미켈란젤로가 왔으니 자네들이 궁금한 걸 알려줄 걸세."

그런데 미켈란젤로의 반응이 까칠하기 이를 데 없었다.

"그걸 내가 왜 대답합니까? 선생님이 직접 하시지요. 밀라노에서 말을 찰흙으로는 만들었는데 청동으로 만드는 걸 포기하지 않았습니까? 부끄러운 줄 아세요."

모두가 어안이 벙벙해진 가운데 미켈란젤로는 가던 길을 갔고 다 빈치는 한참을 그대로 서 있었다. 그때 미켈란젤로가 가던 길을 멈추고 뒤로 돌아서서 이렇게 말했다.

"밀라노 사람들이 바보 같아서 선생님 말을 믿은 거지요."

이 한 편의 일화는 두 사람의 여러 면모를 그대로 보여준다. 일단 다 빈치는 태도가 기품이 있고 우아했는데 생각과 말은 상당히 서민적이어서 많은 이와 사이가 좋았다고 한다. 반면 구도자 같이 고독한 삶을 산 미켈란젤로는 대중들과 쉬 어울리지 못했고 성격도 예민한 면이 있었다고 한다. 짐작으로는 이런 상황이 아니었을까 싶다.

다 빈치는 사람들이 물어본 단테의 시를 잘 몰랐을 것이다. 하지만 사람들이 물어보니 난처한 가운데 마침 미켈란젤로가 나타나자 반가웠을 것이다. 미켈란젤로가 누구인가. 최고의 시인이면서 고전에 대해서라면 모르는 게 없으리라 여겨지던 피렌체 최고의 엘리트가 아닌가. 그래서 그에게 공을 넘긴 것인데, 문제는 미켈란젤로가 사람들과 말 섞는 걸 좋아하지 않았다는 것이다. 자기 의사도 물어보지 않고 불쑥 자기를 걸고 들어가는 다 빈치에게 울컥 화가 치밀었을 것이다. 그래서 평소 생각하던 것까지 그 자리에서 쏘아붙이고 말았던 것인데….

유명한 일화지만 그래도 나름 지성인이었던 미켈란젤로가 대 선배인 다 빈치에게 저렇게까지 했을까 싶다. 뭔가 화가 나는 일이 있어 감정 조절에 실패했다면 아주 불가능한 상황은 아니겠지만. 하

피렌체 베키오 궁의 대회의실 전경. 확장 공사가 있었기 때문에 그 당시 벽화 대결이 펼쳐지던 공간과는 차이가 있다고 한다.

지만 두 사람은 스물세 살의 나이 차이에도 불구하고 각자 큰 명성을 얻고 있었기 때문에 동시대를 살아가면서 서로를 많이 의식했으리라는 것은 짐작할 수 있다. 두 사람은 나이는 물론 신분에서도 많은 차이가 있다. 다 빈치는 중산층 가정의 서자로 태어나 어려서부터 신분상의 제약에 큰 고통을 겪어야 했다. 그가 권력자의 곁에서 인정받으려 노력한 것도 이를 보상하기 위한 차원이라고 짐작할 수 있다. 반면 미켈란젤로는 비교적 좋은 집안에서 태어나 어릴 때 피렌체 최고의 권력자에게 발탁되어 마치 양자처럼 대우받았다. 당대 최고의 학자들을 선생님으로 모시고 인문적 소양을 배웠으며 도나텔로의 조각과 함께 지내며 조각가의 꿈을 키워나갔다. 이런 차이는 이들의 후원자에도 영향을 미쳤다. 다 빈치는 신분에 구애되지 않고 오직 자신에게 도움되는 사람을 대우한 주군을 위해 일한 반면 미켈란젤로는 당대 최고의 지배층, 즉 메디치 가문과 로마 교황을 비롯한 유력 가문들을 위해 일했다.

다 빈치가 좋은 집안에서 태어났다면 어땠을까? 그저 의미 없는 공상에 불과한 것일까? 하지만 적어도 이것 하나만큼은 달라졌을지도 모른다. 그가 저 먼 프랑스 땅에 잠들어야 할 일만은 없었으리라는 것 말이다.

4 Roma

로마 Roma

_미켈란젤로를 만나다

미켈란젤로의 로마 시절 사람들

로마는 오랜 세월 버려진 도시였다. 고대 로마 유적들은 방치되어 있었다. 14세기 이후 인문주의 운동으로 잠이 깬 이 도시를 본격적으로 개발한 이는 교황과 교회를 배경으로 한 귀족 가문들이었다.

미켈란젤로 부오나로티(1475~1564) 르네상스를 대표하는 조각가. 이후 그림과 건축에서도 활약해 로마 르네상스의 전성기를 대표한다.

라파엘로 산치오(1483~1520) 뛰어난 그림 실력과 외모, 우아한 예절을 갖춰 로마 사람들의 사랑을 한 몸에 받은 천재 화가.

도나토 브라만테(1444~1514) 르네상스 건축가. 라파엘로를 로마로 초대한 인물로 미켈란젤로와 사이가 나빴다고 한다.

율리오 2세(재위 1502~1512) 전투적이고 고집 센 교황. 미켈란젤로를 로마로 불러들여 교회에 봉사하도록 했다.

클레멘스 7세(재위 1523~1534) 메디치 가문이 낳은 두 번째 교황. 카를로스 5세와 대립하다 로마 약탈의 굴욕을 당한다.

알레산드로 파르네세 추기경(1468~1549) 피렌체에서 인문주의 공부를 한 로마 귀족으로 훗날 바오로 3세 교황이 된다.

기타
레오10세. 라파엘레 리아리오 추기경, 장 빌레르 드 라그롤라 추기경

저 천장에서 얼마나 열심히 일을 해야 했는지 알게 된다면 그 누구도 놀라운 천재의 작품이라 부르기 어려울 것이다.

_ 미켈란젤로 부오나로티

위대한 로마를 걷다

로마가 위대한 것은 십중팔구 조상 때문이다. 우리는 안될 때 조상 탓을 하는데 그들은 조상 덕을 톡톡히 보고 있다. 2천 년 전 이 땅을 위대하게 만든 이들은 과거 속으로 떠났지만 남겨진 것들은 여전히 경이롭다. 콜로세움, 이곳에 서면 환청이 들린다. 검투사들의 처절한 몸짓과 흥분한 관객의 함성이 오케스트라의 장엄한 연주처럼 들린다. 시간과 공간의 씨줄과 날줄이 만나던 그 시점을 환영으로 끄집어내는 일은 오묘한 매력이 있다. 보이지 않는 것들과의 만남. 초라해진 외형과는 달리 뿜어져 나오는 기운은 본질의 가치를 보여준다. 그 앞에 선 나는 한없이 작아짐을 느낀다. 로마의 기운이 꿈틀거리는 이곳의 위대함을 찍는다. 찰칵 찰칵.

사람도 떠나 폐허 같던 이 도시가 다시 살아난 건 16세기가 시작되던 무렵이었다. 먼 옛날 베드로가 순교한 이곳에 지상 최대의 교회가 들어서고, 고대 로마의 신전이 있던 언덕은 아름다운 광장으로 변신했다. 귀족 가문들은 경쟁적으로 아름다운 저택을 지었고 교회들은 아름다운 그림과 조각을 모았다. 무려 천 년의 시간 동안 잠들어 있던 이 도시를 이처럼 활짝 깨운 이는 다름 아닌 교황들이었다. 교회의 권위가 나락으로 떨어지는 것을 돈으로 막으려던 이들. 자신들의 무모한 꿈을 실현한 한 사람이 있었기 때문이었다. 시간은 흘렀고 꿈은 모두 흩어졌다. 그러나 미켈란젤로, 그로

인해 로마는 르네상스의 도시로 남아 다시 세상의 중심이 될 수 있었다.

콜로세움의 한 통로. 미켈란젤로도 이 통로를 바라본 적이 있었을 것이다. 지난 세기 브루넬레스키와 도나텔로가 그랬듯이 그도 이 로마에 와서 고대인이 남긴 유적들을 연구했다. 그는 자신의 두 손에 르네상스를 완성하는 거대한 사명이 주어져 있음을 알았을까? 처음부터 그랬을 리 없다. 그저 인정받고 돈도 벌고 싶은 청년에 불과했으니까. 아무리 멋진 일도 처음엔 그렇게 시작하는 법이다.

로마를 다시금 위대하게 만든 이

지난 밤 로마 테르미니 역에 내려 가까운 숙소에 여장을 내린 일행은 푹 자고 이른 아침 길을 나섰다. 로마를 걸어야 하기 때문이다. 로마를 찾아야 하는 이유로 꼽을 수 있는 최고의 장소는 어디일까? 일행은 두 패로 나뉘었다. 한쪽은 콜로세움과 포로 로마노 일대의 고대 로마 유적을 꼽았고, 다른 한쪽은 바티칸에 있는 르네상스 건축과 예술을 꼽았다. 서로 관심 분야가 다르니 누가 옳다고 입씨름을 해봐야 소용없는 일이었다. 다만 우리는 로마를 다시금 위대한 도시로 만든 미켈란젤로를 만나볼 것이다. 그가 이 도시에 처음 오게 된 건 스무 살이 갓 넘어서인데 그의 어린 시절을 살펴 보기 위해서는 15세기 피렌체로 가야 한다.

미켈란젤로는 피렌체 동쪽 작은 산골마을에서 태어났다. 1475년이었다. 당시 피렌체는 '위대한 자' 로렌초가 다스리고 있었다. 미켈란젤로의 가문은 나름 뼈대 있는 가문이라고 알려졌지만 실제로 미켈란젤로의 부친 대에 이르러서는 중산층에서도 그리 잘사는 편이 아니었다. 엄마가 몸이 약해 미켈란젤로는 태어나자마자 유모에게 맡겨졌는데 유모가 석공의 아내이다 보니 어린 미켈란젤로 주변엔 돌과 끌, 망치뿐이었을 것이다. 부친은 장남인 미켈란젤로가 제대로 된 직장을 가져서 가족을 부양해주길 바랐지만 아들의 관심은 미술에 있었다. 고집을 꺾지 못한 아빠가 아들을 보낸 곳은 당대 거장이던 기를란다요의 공방이었다. 열두 살 되던 무렵이었다. 이듬해 공방의 도제가 되어 일을 돕고 있을 때 그에게 놀라운 행운이 찾아왔다. 어린 조각가를 육성하려는 로렌초의 눈에 들어 마치 양자처럼 메디치 저택에서 살게 된 것이다.

조각 엘리트로 선발된 어린 미켈란젤로는 메디치 조각 정원에서 사티로스 상을 조각하고 있었다. 이때 우연히 그곳을 지나던 로렌초가 발걸음을 멈추고 유심히 조각을 바라보다가 한마디 던졌다. "얘야, 조각을 아주 잘하는구나. 그런데 지금 사티로스가 꽤 나이가 든 모습인데 이빨이 너무 건강하지 않니? 벌써 몇 개는 빠졌을 나이인데…." 그러고는 집으로 들어가 일을 보고 나와 다시 정원을 지나다가 깜짝 놀랐다고 한다. 미켈란젤로가 어느새 조각에서 이빨을 몇 개 뽑고 그 내부도 구멍을 내어 정말 노인의 이처럼 만들어 놓았기 때문이다. 이 소년의 재능이 아주 비범하다는 것을 알아본 그는 즉시 자기 집으로 들어와 지내라는 지시를 내렸다.

이 일화가 사실인지는 알 수 없지만 어쨌든 소년 미켈란젤로는 로렌초의 각별한 총애를 받게 되었다. 우선 메디치 저택 정원에서 고대 조각과 도나텔로의 조각을 마음껏 볼 수 있었고 도나텔로의 제자였던 베르토르도 디 조반니로부터 본격적인 조각 수련도 받았다. 단지 손을 쓰는 기술자에 머물러서는 안 된다는 로렌초의 생각에 따라 최고의 인문주의자이자 시인이었던 폴리치아노로부터 개인교습을 받게 되었고, 플라톤 아카데미의 연회에도 초대되어 늘 로렌초 가까운 자리에서 수준 높은 이야기를 들을 수 있었다. 좋은 일만 있던 것은 아니었다. 이 무렵 산타 마리아 델 카르미네 성당에서 마사초의 벽화를 데생하던 중 한 친구와 싸움이 붙어 친구가 휘두른 주먹에 코가 그만 주저앉고 말았는데 이는 그로 하여금 평생 외모에 대한 콤플렉스를 갖게 만들었다.

어쨌든 꿈 같은 시기였다. 그는 이 기간 동안 〈계단의 성모〉 등 그의 나이에 비해 뛰어난 작품 몇 점을 만들었다. 하지만 행복은 너무나 짧았다. 그를 한없이 아꼈던 로렌초가 갑작스런 죽음을 맞이한 것이다. 이후 피렌체 정국은 소용돌이 속으로 치닫게 되었다. 이후 불안정한 와중에도 미켈란젤로는 몇 개의 일을 맡아 열심히

리카르디 궁 정원. 로렌초는 할아버지 코시모가 지은 이곳을 저택으로 사용했다. 정원엔 고대 조각과 도나텔로의 조각이 많이 있었다고 한다.

작업하고 있었다. 그러던 그에게 로마에서 일할 수 있는 기회가 찾아오는데, 이 기회란 것이 참으로 엉뚱한 일로 인해 만들어졌다.

미켈란젤로가 스물한 살 때 일이다. 그는 옛 고대의 조각 작품을 많이 보고 자랐는데 그때 기억을 되살려 〈잠자는 큐피드〉라는 작품을 만들었다. 꽤 그럴싸하게 만들었는지 이를 본 머리 좋은 친구 하나가 말했다.

"미켈란젤로야. 이거 돈 되겠다. 요즘 고대 조각이 발굴되었다면 엄청난 돈에 팔리잖아? 이거 고대 조각이라고 하면 무조건 속을 거 같아. 내가 이거 사고파는 사람 아는데 한번 해보자."

중개상까지 관심을 보이자 어어 하다가 덜컥 사기 공모자가 된 것이다. 표면이 너무 매끄러워 일부러 낡은 듯 표면을 수정해서 보냈는데 글쎄 놀랍게도 그 작품이 팔렸다는 것이다. 그것도 200두카토라는 엄청난 값에. 하지만 미켈란젤로가 받은 돈은 겨우 30두카도에 불과했다. 중개상이 가로챈 것이다. 그러던 어느 날 일이 생겼다. 로마에서 사람이 와서 〈잠자는 큐피드〉가 진품인지 조사하고 다닌 것이다. 순진했던 미켈란젤로는 유도심문인지도 모르고 사실대로 실토했고, 며칠 후 구매자였던 로마의 거물 리아리오 추기경으로부터 소환 통보를 받았다. 지은 죄는 있지, 자신도 중개상에 당한 처지라 억울하지, 벌을 받게 된 미켈란젤로는 마음이 복잡했을 것이다. 하지만 엄청난 돈을 물어낼 길이 없으니 오직 로마로 끌려가는 방법밖에 없었고 그렇게 그의 로마 생활이 시작되었다.

너무나 젊은 성모

미켈란젤로는 어안이 벙벙해졌다. 벌 대신 일을 받았기 때문이었다. 리아리오 추기경은 로마에서도 손꼽히는 고대 작품 수집가였다. 그는 조각가를 아꼈는데, 괘씸한 마음에 잡아온 사기꾼이 너무나 젊은 친구라는 것을 알고 깜짝 놀랐다. '설마 이 어린 친구가 그 조각을 했단 말인가?' 그 순간 그는 일을 맡기고 싶어졌다. 치열하게 경쟁하던 수집가들에게 한방 먹일 놀라운 작품을 만들 수 있겠다는 생각에서였다. 미켈란젤로가 받은 일은 〈술 취한 바쿠스〉였다.

미켈란젤로, 술 취한 바쿠스, 1496~14979년, 높이 203㎝, 바르젤로국립미술관. (Photo by Refus46)

조각이 완성되자 찬반이 갈렸는데 정작 일을 맡긴 리아리오 추기경의 마음엔 들지 않았다. 아무리 술에 취했다고는 하나 바쿠스의 자세가 너무나 풀어져 있었기 때문이다. 우아한 포즈를 기대한 그는 그 작품을 받길 거절했는데, 그 이유 중에는 바쿠스의 왼쪽 눈 부위 색이 다른 것도 있었다. 사전에 대리석을 면밀히 살피지 않았던 게 문제가 된 것이다. 이때의 실수를 뼈저리게 반성한 미켈란젤로는 이후 대리석을 고를 때 남들보다 몇 배의 공을 더 들였다. 갑자기 후원자와 고객을 잃은 미켈란젤로는 그림 몇 점을 그리며 근근이 살아가고 있었다. 그 사이 〈술 취한 바쿠스〉는 야코포 갈리라는 수집가에게 넘어가 그의 정원에 놓였는데 새로운 조각에 대한 입소문이 나기 시작했다. 야코포 갈리의 친구 중에 프랑스 대사인 라그롤라 추기경이 있었는데 그는 〈술 취한 바쿠스〉의 진가를 알아보고 미켈란젤로에게 작품 하나를 의뢰했다. 산 피에트로 성당의 개인 예배당을 장식할 거대한 조각이었다. 재미있는 건 계약서 내용이었다. 한 조항에 '현존하는 작품 중에 가장 위대한 대리석 조각을 만든다'는 구절이 있었는데, 이 프로젝트에 거는 추기경의 기대나 미켈란젤로의 자신감이 얼마나 컸는지 짐작할 수 있다. 이런 말도 안 되는 목표를 내걸고 시작된 프로젝트는 어떻게 되었을까?

놀랍게도 결과는 목표를 뛰어넘었다. '당시 현존하는 작품' 중에서가 아니라 인류 역사상 가장 위대한 대리석 조각의 하나로 불릴 〈피에타〉가 만들어진 것이다. 3년의 시간이 걸린 이 작품은 전시되자마자 엄청난 반향을 불러일으켰다. 죽은 아들 예수를 무릎 위에 안은 성모의 모습. 수없이 많이 다뤄진 소재였지만 이 거대한 조각은 뭔가 달랐다. 예수의 몸은 실물보다 생생하게 표현되었고 마리아의 의상도 보는 이들의 찬탄을 불러일으켰다. 특히 옷주름의 표현은 마치 다 빈치의 그림을 보는 것과 같았다. 하지만 사람들의 입에 가장 많이 오르내린 것은 마리아의 얼굴이었다. 너무 젊다는 것이다. 이에 대해 미켈란젤로는 친구에게 보낸 편지에 자신의 의견을 남겼다.

"난 일부러 성모의 모습을 젊게 했네. 이는 순결함을 강조하기 위해서지. 성모는 어린 시절부터 신에게 선택된 이래 그 순결의 아름다움을 영원히 간직한 분이 아닌가."

사람들은 과장된 감정 표현으로 오열하는 마리아가 아니라, 깊

미켈란젤로, 피에타, 1498~1499년, 174x195cm, 산 피에트로 대성당.

이 명상에 잠긴 마리아를 보았다. 그리고 다른 작품에선 일찍이 경험해보지 못한 이른바 한 차원 다른 신성함이 가슴 깊이 밀려들어 오는 체험을 했다. 그리고 인간의 몸으로 태어나 주어진 고난을 끝내고 편안히 잠든 예수의 모습은 보는 이를 숙연하게 만들었다. 사람들은 지금까지 없었던 놀라운 걸작이 만들어졌다는 사실을 깨달았다.

그런데 미켈란젤로가 무명에 가까운 신인이다 보니 이 〈피에타〉가 누구의 작품이냐를 놓고 계속 입씨름이 벌어졌다고 한다. 이를 우연히 들은 미켈란젤로는 그날 밤 몰래 와서 마리아의 가슴에 있는 끈에 글자를 새겼다.

"피렌체 사람 미켈란젤로 부오나로티가 이것을 만들었다."

그 뒤로 미켈란젤로라는 이름이 온 유럽으로 전해졌다. 매 끼니를 걱정하며 작품을 거절당하면 어쩌나 하고 마음고생하던 그의 인생도 완전히 달라졌다. 많은 일거리가 밀려들어왔고 그는 무조건 일을 끌어안았다. 물리적으로 도저히 소화할 수 없는 상황인데도 그는 넙죽넙죽 계약했고 몇 달 사이에 큰 부자가 되었다.

바쁜 와중에도 미켈란젤로의 관심을 끄는 일이 하나 생겼다. 마키아벨리가 활약하던 당시 피렌체에서 다른 조각가가 조금 손을 대다 만 아주 멋진 대리석이 있었는데 그것으로 두오모 성당을 장식할 큰 조각상을 제작한다는 소식이 들려온 것이다. 이 대리석은 품질이 매우 우수했지만 두께가 너무 얇아 문제가 되었다. 다비드 상으로 주제가 정해졌고 다들 다른 대리석을 덧대어서 만들어야겠다고 생각하고 있었는데 미켈란젤로는 원래 대리석만으로 만들 수 있다고 자신해 모두를 놀라게 했다. 로마에서의 성공이 없었다면 바로 무시되었을 것이다. 하지만 이미 미켈란젤로는 무시할 수 없는 신예 대가가 되어 있었다. 결국 그에게 작업이 주어졌다.

피렌체에서 아카데미아미술관을 가야 하는 이유. 바로 〈다비드〉의 원본이 있기 때문이다. 시뇨리아 광장에 서 있는 작품은 모작이다. 산성비와 비둘기 똥에 원본이 훼손되는 걸 막기 위해 불가피하게 취한 조치인데 이로 인해 미술관 하나가 먹고 살고 또 피렌체가 먹고 산다. 조명을 받은 〈다비드〉가 웅장하게 서 있다. 앞에서 그리고 옆에서 사진을 몇 장 찍고 뒤로 가 기다린다. 〈다비드〉 뒤편 반원형 벽에 긴 의자가 있는데 금방 자리가 난다. 앉아서 뒷태를 몇 장 찍고 다비드에 얽힌 이야기를 일행에게 들려주었다.

원래 이 작품은 두오모 성당 높은 곳에 놓일 예정이었다. 높이가 무려 10여 미터나 되는 곳이기 때문에 미켈란젤로는 원근법을 고려했다. 그 정도 아래에서 보는 사람들에게는 머리나 손이 아주 작게 보인다. 그래서 그는 비례를 왜곡해 머리와 손을 상대적으로 크게 만들었다. 그런데 작품이 완성되기도 전에 기대감에 부푼 시민들은 시뇨리아 광장에 전시하자고 의견을 모았다. 귀족(골리앗)

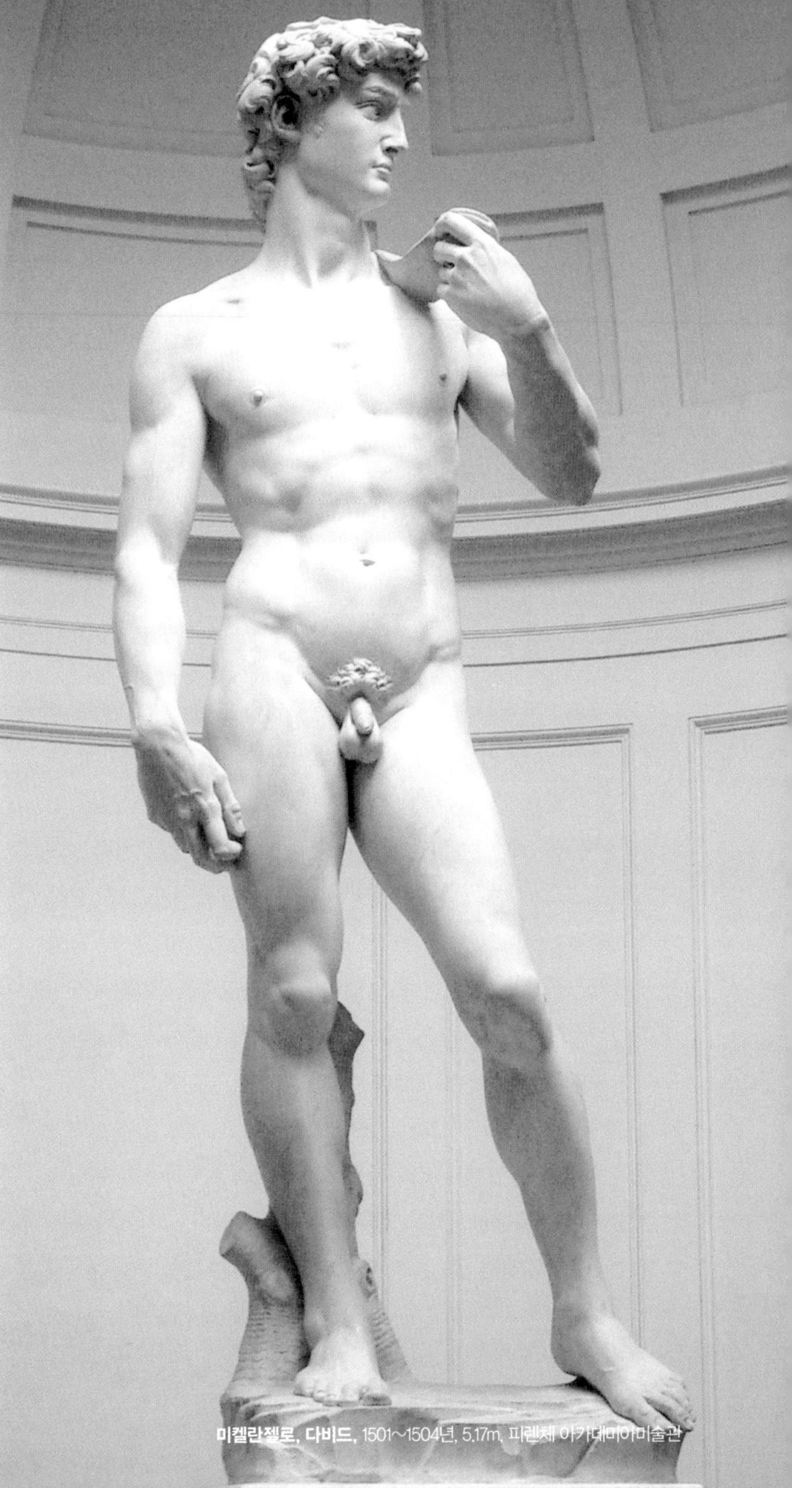

미켈란젤로, 다비드, 1501~1504년, 5.17m, 피렌체 아카데미아미술관

에 대한 시민들(다비드)의 승리를 상징하는 기념물로 제격이라는 이유에서였다. 그래서 하늘에 있어야 할 다비드가 땅으로 내려왔는데…. 역시 자세히 보니 대두에 왕손이다.

자리를 옮겨 측면을 보았다. 매우 얇은 두께의 대리석으로 만들어 처음부터 논란이 있었다고 했는데 다비드의 모습은 전혀 어색하지 않다. 두께의 제약이란 게 원래 있었을까 싶다. 하지만 어느 정도 두께의 대리석이었을지를 가늠하면서 주위를 돌아보면 그제야 깨달을 수 있다. 미켈란젤로가 놀라운 일을 매우 편안하게 만들어냈다는 것을 말이다. 이는 평소 미켈란젤로가 갖고 있던 예술관에 정확히 부합한다.

"가장 고심해야 할 점은, 엄청난 양의 노동과 땀으로 작품을 제작해야 하지만 작품이 완성된 뒤에는 마치 일순간에 매우 손쉽게 만들어진 듯이 보여야 한다는 점이다."

즉, 완벽한 것은 편안해야 한다는 말이다. 사실 아무리 실력이 그럴 듯해도 어려운 티 팍팍 내면서 투덜거리는 사람은 고수로 보이지 않는다. 보는 이들의 마음마저 편안하게 만들 수 있는 것. 이걸 이탈리아말로 스프레차투라Sprezzatura라 한다. 일종의 가장된 편안함이랄까. 물 위에 떠 있는 백조가 편안히 나아가는 것처럼 보이지만 실은 그 아래에서 두 발을 정신 없이 놀리고 있는 것과 같다. 이 경지까지 이르려면 얼마나 많은 노력이 필요할까. 백조가 두 발을 놀리듯, 구상하고, 고심하고, 연습하고, 수정하는 것을 이른바 데코로Decoro라고 한다. 당시 예술가들은 '데코로 없이는 스프레차투라도 없다'고 강조했다. 그런데 이게 끝이 아니다. 한 단계 더 나아가 그라치아Grazia에 이르러야 한다. 그라치아란 데코로가 스프레차투라를 만나서 완벽한 조화를 이룰 때 느낄 수 있는 우아함을 말한다. 이러한 르네상스적인 멋의 개념은 현재까지도 이어져 특히 음악 연주자들에게는 금과옥조와 같다. 끝없이 반복해서 연습하는 것. 이를 통해 어려운 부분마저 아주 편안하게 연주하는 것. 그리고 포인트, 어려운 티 내지 않는 것. 이 과정에서 감상자들이 자연스럽게 우아함을 느끼게 할 것…. 말하고 보니 고수의 경지란 것이 참으로 멀다는 걸 알겠다.

피렌체 공화국의 승리를 상징하는 이 남성상이 피렌체의 중심인 시뇨리아 광장에 서는 날, 미켈란젤로의 명성은 더 이상 올라설 곳이 없을 정도로 높아졌다. 이런 그를 피렌체에서 그냥 둘 리가 없었다. 그래서 그에게 많은 보수와 함께 새로운 일이 주어졌다. 바로 베키오 궁 대회의실 벽화를 그리는 일이었다. 그의 경쟁자로 대 선배격인 다 빈치가 정해진 것은 모두가 아는 사실이다.

미켈란젤로가 이처럼 피렌체에서 성공가도를 달리고 있을 때 로마는 큰 격변기를 맞고 있었다. 사보나롤라 제거에 앞장 섰던 교황 알렉산데르 6세가 어이 없이 독살당한 후 그의 정적이던 율리오 2세가 새 교황이 된 것이다. 이 카리스마 넘치고 세속적으로도 야심만만한 교황이 자신의 영광을 높여줄 예술가를 찾고 있었는데 그의 레이더에 포착된 예술가 중에 피렌체의 신예 거장이 있었다. 이는 한번 물면 절대 놓지 않는 맹수가 가장 먹음직한 먹이를 발견한 것과 같았다.

바티칸미술관 줄 서기

바티칸미술관. 세상에서 가장 길게 줄을 서야 하는 미술관이 아닐까. 성수기에는 기본 두 시간에서 세 시간. 비수기에도 최소 한 시간을 밖에서 기다려야 들어갈 수 있다. VIP단체 여행객이 되거나 아주 비싼 입장권을 예약하면 기다리지 않고 들어갈 수 있다고는 하는데 대부분은 기다리는 걸 택한다. 이른 아침, 일행은 한 시간 먼저 줄을 서기로 한다. 어차피 한 시간 이상 기다려야 하니 하루를 좀 더 길게 쓰고 싶어서였다. 그런데 예상치 못한 사태가 벌어졌다. 갑자기 비가 후두둑 내린다. 이탈리아 겨울은 우기라더니. 꼼짝없이 비를 맞게 생겼다. 견딜 만한가 했더니 빗줄기가 더 거세진다. 아까부터 우리 옆에서 우산을 들이밀던 이에게 얼마냐고 물으니 5유로란다. 어제 3유로에 샀다고 하자, 4유로 달란다. 그렇게 비를 피하는데 한 검은 얼굴의 장사치가 유창한 한국말로 엽서를 팔고 있다. 거짓말 안 보태고 한국에서 10년은 살아야 나올 이른바 '원어민 한국어'다. 줄 서 있는 이 중에 한국인이 반, 나머지가 전세계인. 이러다 보니 장사치 중에도 우리말에 능통한 이가 전면에 나선 것인데…. 이탈리아를 먹여 살리는 한국인들 정말 대단하다.

그런데 이 모든 관광객은 무엇을 보러 이리도 줄을 서는 것일까. 수많은 보물을 자랑하는 이곳이지만 단 하나의 장소만을 꼽으라면 박물관이 끝나는 지점, 산 피에트로 대성당으로 연결되는 한 예배당이 될 것이다. 거기에서 있었던 이야기를 해보자.

율리우스라고도 불리는 율리오 2세는 큰 덩치를 자랑하는 보스형 교황이었다. 그는 지닌 야심만큼이나 부담스러운 인물이었던 만큼 상당수의 추기경을 매수하고도 모자라 거짓 약속을 남발해 겨우 교황이 되었다. 그에게 완전히 속아 넘어간 이들 중에는 알렉산데르 6세의 아들 체사레 보르자도 있었다. 그는 자신이 정복한 땅의 지배권을 보장하겠다는 거짓약속을 믿고 스페인 추기경들의 표를 몰아주었지만 곧바로 배신당해 쫓기는 신세가 되고 말았다. 신임 교황의 약속 중에는 공의회를 개최해 중간 평가를 받겠다는 것

라파엘로, 율리오 2세 초상, 1512년, 108.7×81cm, 런던 내셔널갤러리

도 있었다. 하지만 그는 교황이 되자마자 언제 그랬느냐는 듯 완전히 입을 씻었다. 피렌체와 사연이 많았던 식스토 4세의 조카이기도 한 그는 교황의 권위가 추락하는 것을 막는데 자신의 일생을 걸기로 다짐한 인물이었다. 이를 위해 그는 교황에게 완전히 복종하지 않는 도시를 정복하겠다고 선언하고 몸소 군대를 이끌고 가 북쪽의 페라라와 볼로냐까지 복속시켰다. 피렌체는 물론 다른 도시들은 교황의 무지막지한 진격에 미리 항복한 상태였다. 교황이 다른 종교도 아니고 가톨릭 국가를 침략하는 놀라운 일을 벌인 것이다. 또한 그는 교황의 위세를 높이기 위해 대형 건축과 예술에 돈을 쓰기로 마음먹었다. 이를 위해 그는 밀라노에서 활약하던 브라만테를, 피렌체에서 미켈란젤로를 데려왔다. 브라만테에게 산 피에트로 대성당의 공사를 맡긴 그는 미켈란젤로에게 자신이 죽고 나서 묻힐 영묘 조각을 맡겼다. 미켈란젤로는 이 일에 의욕을 보였다. 교황에게 몇 가지 시안을 보여주고 의견을 나눴으며 엄청난 양의 좋은 대리석을 구하기 위해 채석장에서 살다시피 했다.

미켈란젤로는 성격적으로 남에게 사랑받는 인물은 아니었다. 뛰어난 재능을 아끼는 사람은 많았지만 왠지 까칠하고 자부심이 강한 그를 모두 받아주기는 쉽지 않았다. 훨씬 나이가 많았던 브라만테와는 본래부터 사이가 나빴고 교황과의 사이도 갑자기 나빠졌다. 무슨 이유인지 교황이 몇 차례에 걸쳐 면담을 거절했는데 아마도 자신의 영묘를 짓는 일이 간단치 않은데다, 시간도 그리 급하지 않아서였을 것이다. 그러자 화가 치민 미켈란젤로는 인사도 하지 않고 피렌체로 떠나버렸다. 교황 율리오 2세는 성격이 불같은 인물이었다. 전해지는 기록에 따르면 어떤 사신으로부터 나쁜 소식을 듣고 흥분한 그의 모습이 다음과 같이 묘사되어 있다.

"그 소식을 들으신 교황 성하께서는 황소처럼 울부짖으셨습니다. 그러고는 전하에게 욕을 퍼부으시다가 성에 차지 않으셨는지

하늘에 대고도 욕을 퍼부으셨습니다."

이런 사람에게 맞서는 일은 거의 불가능에 가깝다. 막무가내로 밀어붙이기 때문이다. 그런데 미켈란젤로도 정말 대단하다. 그냥 말도 없이 떠나버렸으니 말이다. 이 소식을 들은 교황의 분노가 어땠을지 자연스럽게 짐작이 된다. 피렌체도 난처해졌다. 교황이 연이어 미켈란젤로를 데려오라고 명령을 내렸기 때문이었다. 그래도 미켈란젤로가 버티자 교황도 안 되겠다고 생각했는지 성질을 조금 누그러뜨렸다. 절대 벌하지 않겠으며 예전의 대우를 그대로 해줄 테니 어서 보내라고 했다. 교황이 무서워 저 멀리 투르크까지 도망칠 생각을 했던 미켈란젤로도 주위의 설득에 마음을 고쳐먹고 당시 교황이 머물던 볼로냐로 갔다. 군대를 지휘하는 교황은 더욱 무서웠다. 미켈란젤로는 목에 밧줄을 감고 엎드려 용서를 빌었다고 전해진다.

그런데 로마로 돌아간 그는 교황의 변덕으로 그간 해오던 영묘 조각을 내려놓고 다른 일을 할 수밖에 없었다. 교황은 자신의 삼촌이 오래 전 지어둔 시스티나 예배당 천정 장식 완성을 서둘렀다. 피렌체에 머물 때에도 이미 밑그림 작업을 해서 보낸 일이라 자신이 할 일이라고는 알고 있었지만 그로서는 정말 하기 싫은 일이었다. 자신은 지금까지 조각으로 성공했는데 갑자기 그림을 그리라니. 게다가 저 넓은 곳을, 위를 보며 그려야 하다니! 한숨만 나올 뿐이었다. 의심은 브라만테로 향했다. 요즘 새 성전을 짓느라 교황과 붙어 지내는 그가 자신을 괴롭혀 죽이기 위해 이런 일을 꾸민 것만 같았다. 그래서 그를 험담하는 내용을 편지에 적어 가족에게 보내기도 했다. 하지만 실제로 브라만테는 미켈란젤로의 능력으로 감당할 일이 아니라며 적극 만류했다고 한다. 브라만테로서는 조금 억울한 일이었다.

실제로 브라만테의 음모로 추측되는 건 미켈란젤로의 라이벌이 될 인물을 로마로 데려온 것이었다. 미켈란젤로보다 여덟 살이

나 어린 이 젊은이는 놀라운 그림 실력 외에도 미켈란젤로가 갖지 못한 치명적 무기를 갖고 있었다. 그건 바로 뛰어난 외모와 마음을 사로잡는 친화력이었다. 그는 라파엘로다.

로마가
사랑한 남자

라파엘로는 우르비노 궁정화가의 아들로 태어났다. 아버지에게 그림을 배운 후 이어 페루지노를 스승으로 모셨다. 페루지노는 보티첼리, 기를란다요와 함께 피렌체 르네상스 제2기를 수놓은 뛰어난 화가였다. 스승을 떠난 라파엘로는 피렌체로 왔다. 당대 최고의 거장인 다 빈치와 미켈란젤로의 그림을 배우기 위해서였다. 피렌체에 올 당시만 해도 그를 잘 모르는 이들이 보기엔 이미 한물 간 페루지노 화풍으로 그리는 시골 청년에 불과했다. 당연히 큰일은 주어지지 않았다. 다만 지인들을 통해 소개받아 성모상을 몇 점 그렸을 뿐이다. 그런데 몇 년 사이 그의 그림은 놀랍게 변모했다. 그는 마치 진공청소기처럼 두 거장의 장점을 빨아들였고 그건 곧바로 그림에 나타났다. 그의 실력이 점차 알려지면서 피렌체에 새로운 천재가 나타났다는 소문이 퍼졌다.

라파엘로가 로마로 온 해는 1508년이니 스물다섯 살 때였다. 그를 교황에게 소개한 사람은 같은 고향의 브라만테였다. 브라만테의 노림수는 기대 이상으로 적중했다. 라파엘로는 로마에 오자마자 단박에 스타로 떠올랐는데, 이는 미켈란젤로에 대한 관심을 완전히 지워버릴 정도였다. 그는 우선 외모가 매우 아름다웠다. 게다가 말 한마디 한마디에 교양이 넘쳤고, 우르비노 궁정에서 배운 우아한 태도와 예의범절은 보는 이들의 찬탄을 불러일으켰다. 꾸밈없이 늘

라파엘로, 자화상, 1506년, 47.5x33cm, 우피치미술관

밝고 친근하게 대하는 그를 나쁘게 말하는 이는 없었다. 모두가 그를 보고 싶어 했고, 그를 한 번이라도 본 이는 그를 칭찬했다. 남녀노소 가릴 것 없이 마치 로마 전체가 그와 사랑에 빠진 것처럼 보였다. 그리고 무엇보다 그림 실력. 미켈란젤로의 데생에 다 빈치의 표현력까지 갖춘 그의 그림은 도무지 흠잡을 데가 없었다. 게다가 데코로와 스프레차투라가 이상적으로 조화된 그라치아, 즉 우아함마저 갖췄으니….

라파엘로에게 홀딱 반한 교황은 자신의 집무실 여러 칸을 장식하는 매우 큰 프로젝트를 그에게 맡겼다. 이런 규모의 일을 스물다섯 살에 불과한 청년이 맡았다는 것이 지금은 놀랍게 들리지만 당시 라파엘로 열풍이 불던 로마에서는 당연한 일처럼 받아들여졌다. 여러 개의 방 중에서 가장 널리 알려진 방은 바로 서명의 방이다. 이곳은 율리오 2세가 중요한 사안을 결정하고 문서에 서명하는 방이었다. 이곳 네 개의 벽면은 각각 철학, 문학, 종교, 법학의 테마로 그려졌는데 생생한 인물 묘사와 완성도 높은 구성이 더해진 그림에는 라파엘로의 인문학적 소양이 고스란히 담겨 있다. 이중 가장 유명한 그림은 철학의 테마를 보여주는 〈아테네 학당〉이다.

완전한 원근법 구도하에 소실점 중앙에 플라톤과 아리스토텔레스가 토론하며 걸어오고 있다. 플라톤은 이데아의 세계를 말하며 손가락으로 하늘을 가리키고 아리스토텔레스는 현실의 세계를 말하며 땅을 가리키고 있다. 이들 외에도 화면을 가득 채우는 이들은 그리스의 철학자들이다. 소크라테스, 피타고라스, 디오게네스, 조로아스터, 유클리드 등이다. 라파엘로는 오른편 구석에 조그맣게 자신의 얼굴을 그려 넣었고 존경하는 다 빈치의 모습은 플라톤으로 미켈란젤로의 모습은 전면 맨 앞에 헤라클레이토스로 묘사하여 이들의 가르침에 감사를 표했다.

라파엘로는 많은 제자를 거느리고 로마에서 가장 왕성하게 활약하는 화가가 되었다. 피렌체 화법을 익혀 정상에 선 그는 베네치아 출신으로 로마에 온 세바스티아노 델 피옴보로부터 채색의 기교까지 배워 최고의 기량을 뽐냈다. 사업적으로도 수완이 좋았던 그는 거절하는 법이 없었다. 아무리 일이 밀려 있어도 주문을 받았고 설령 제자가 대부분을 그리고 자신은 붓터치 몇 번만 하는 일이 있어도 가능하면 날짜에 맞춰 그림을 전달했다. 그는 사랑 역시 거절하는 법이 없었다고 전해진다. 그를 만나고 싶어 한 이가 너무나 많았기에 낮에도 밤에도 눈코 뜰 새 없이 바쁜 나날을 보냈다. 그러던 그에게 진심으로 사랑하는 사람이 생겼다. 빵집 딸로 알려

라파엘로, 아테네 학당, 1509~1510년, 500×770㎝, 바티칸미술관

진 마르게리타 루티가 그 주인공이었다. 그녀는 그의 그림에 정말 많이 등장하는데 청순한 듯 순수한 매력과 은근한 교태를 겸비한 최고의 모델이 되었다.

그런데 라파엘로는 정해진 약혼자가 있었다. 로마의 권력자 중 하나였던 비비에나 추기경의 조카딸과 결혼하기로 되어 있었던 것이다. 하지만 라파엘로의 사랑은 마르게리타를 향해 있었다. 그녀는 신분이 낮았다. 친구들도 진지하게 충고했지만 라파엘로의 마음은 요지부동이었다. 라파엘로가 서른일곱 살 생일을 맞는 날이었다. 전날 밤을 그녀와 함께 보내고 온 라파엘로는 갑자기 심각한 열병을 앓았는데 상태가 악화되어 그만 숨을 거두고 말았다. 혹자는 그녀와 사랑을 나누던 중에 사망했다고도 한다. 이 소식이 전해지자 온 로마가 충격에 휩싸였다. 그 복 많은 남자가 이리도 허무하게 죽으리라고 예상한 사람은 아무도 없었다. 그에게 추기경을 하사하려던 교황 레오 10세도 크게 낙담했다. 신분의 벽 때문에 그의 동반자가 될 수 없었던 마르게리타 역시 비탄과 함께 깊은 죄책감에 빠졌다. 그녀는 자신의 삶을 정리하고 수녀원에 들어갔다. 그리고 거기서 평생 그를 마음에 품고 살았다.

장 오귀스트 도미니크 앵그르, 라파엘로와 라 포르나리나, 1814년, 66×54.6㎝, 포그미술관
'라 포르나리나'는 '제빵사의 딸'이란 뜻으로 라파엘로의 연인 '마그게리타 루티'를 일컫는 말이다. 그림 속 라파엘로의 뒤로 주문 받은 그림은 버려져 있는 가운데 라파엘로의 눈은 오로지 그녀를 담은 캔버스에 가 있다.

한 예술가를 신으로 만든 그림

1508년으로 다시 돌아간다. 미켈란젤로는 마음이 편치 않았다. 라파엘로 때문이라고 생각하기는 싫었지만 모두가 사랑하는 그가 신경 쓰이지 않을 수 없었다. 그가 등장하면서 자신은 완전히 뒷방으로 밀려난 신세가 되어버렸기 때문이다. 정작 그를 못 견디게 만든 건 고집불통 교황이었다. 교황을 볼 때마다 못하겠다고 호소했지만 교황은 꿈쩍도 안 했다. 오히려 화내고 달래고 윽박지르면서 미켈란젤로를 몰아세웠다. 시스티나 예배당 천정화를 그리는 일은 초반부터 이처럼 불협화음이 그치지 않았다. 미켈란젤로로서는 억지로 일에 착수하긴 했지만 영 의욕이 생기지 않았다. 설치된 높다란 비계에 서서 고개를 젖히고 밑그림을 그리려니 목이 남아날 것 같지 않았다. 밑그림이 완성될 때까지도 미켈란젤로는 교황을 설득해 일을 그만하고 싶어 했다.

작업이 진척되면서 더욱 신경 쓰이는 건, 라파엘로가 자꾸 찾아와 자기가 그린 그림을 유심히 보는 것이었다. 워낙 공손하고 예의바른 친구라 앞에서는 뭐라고 하기 어려웠지만 자꾸 자신의 노하우를 훔쳐가는 것 같아 마음이 불편했다. 실제로 이 시기에 라파엘로는 자신의 벽화 작업에 신체의 역동적인 움직임을 강조하는 경향을 보였는데 누가 보더라도 미켈란젤로의 그림에서 영향을 받은 것이다. 그림이 얼마나 진척되었는지 궁금해하던 교황이 자꾸 찾아오는 것도 성가셨다. 참다 못해 폭발한 그는 붓을 놓고 버텼다. 교황이 찾아오는 횟수도 제한하고, 천정에서 하는 작업을 완전히 가리는 휘장을 쳐야 한다며 이것이 관철되기 전에는 그림을 더 이상 그리지 않겠다고 했다. 불만스러웠지만 교황도 어쩔 수 없어 이 둘을 허락했고 그런 후로 미켈란젤로는 좀 더 편안하게 그림을 그릴 수 있었다. 그렇게 4년이 흘렀다. 프레스코화에 익숙하지 않았던 미켈란젤로는 이제 그 누구보다 자유자재로 그릴 수 있게 되었다. 시간이 갈수록 점점 대담해졌고 그림은 단순해지면서 더욱 강렬해졌다. 마지막에 그린 예언자들의 모습에는 그의 자신감이 한껏 배어 나왔다. 물론 그동안 그의 몸은 많이 망가졌다. 목에서 척추까지 디스크 증세가 나타났고, 어두운 곳에서 오랜 시간 작업하느라 눈이 급속도로 나빠졌다. 그러는 사이 그림을 차츰 완성해갔고 이곳에 엄청난 그림이 그려지고 있다는 소문이 퍼지기 시작했다.

시스티나 예배당에 들어설 때면 함께 온 일행의 표정을 봐야 한다. 처음 이곳을 찾은 이들의 표정은 대략 예상이 된다. 위를 올려다본 순간 일단 발걸음을 멈춘다. 그리고 화려한 색의 향연 앞에 눈을 어디에 둬야 할지 모르고 처음 벌린 입을 다물지 못한다. 벽면의 의자를 찾아 앉아서도 차차 그림이 눈에 들어오면서는 튀어나올 듯 그려진 생생한 인물 묘사에 넋을 잃는다. 이와 견줄 만한 감동적인 체험이 또 있을까 싶은데 개인적으로는 가우디의 성가족 교회가 떠오른다. 올려다봐야 하는 것도, 뭐라 말로 설명할 길이 없는 감동이 밀려오는 것도 닮았다.

다시 정신을 차리고 위를 올려다본다. 한 예술가가 4년 동안 저 위에 매달려 그림을 그렸다. 오기 전에 예상한 것보다 어마어마한 크기다. 천정에만 그린 것이 아니라 벽과 천정을 연결하는 부분까지 모두 그렸기 때문이다. 창세기의 첫 장면부터 시작되는 중앙부는 천지창조 이야기와 낙원 추방 이야기, 이어 노아의 방주 이야기로 구성된다. 양 옆으로는 예수의 탄생을 예언한 예언자들과 무녀

미켈란젤로, 천지창조, 1508~1512년, 41.2×13.2m, 시스티나 예배당
천지창조, 인간의 타락, 노아 이야기 등의 구약성서 내용이 3장 9화면으로 구성되어 있다. 성당 입구부터 〈술에 취한 노아〉, 〈대홍수〉, 〈노아의 희생〉, 〈아담과 이브의 원죄와 낙원 추방〉, 〈이브의 창조〉, 〈아담의 창조〉, 〈땅과 물의 분리〉, 〈해와 달과 지구의 창조〉, 〈빛과 어둠의 창조〉의 순으로 제작되었다.

들이 그려져 있고 작은 칸마다 구약성서에 등장하는 인물들 이야기가 하나하나 그려졌다. 전체적으로 보면 예수가 오기 이전의 역사를 한눈에 볼 수 있도록 만들었다고 보면 된다.

"저건 진짜 기둥이죠?"

"아닙니다. 그린 것입니다."

"와, 그뿐 아니라 저 크기를 보세요. 과연 인간이 이런 그림을 그릴 수 있을까요?"

그림과 그림을 나누는 기둥을 자세히 보면 미켈란젤로가 그린 그림이다. 그 뛰어난 입체감이 착시를 불러일으키는 것이다. 거대

하게 그려진 예언자들과 무녀들도 가만히 보고 있으면 마치 조각인 듯, 살아 있는 생명체인 듯 앞으로 튀어나올 것만 같다. 터져 나올 것 같은 힘줄과 근육, 저마다 다른 방향으로 뒤튼 격렬한 몸동작이 눈길을 뗄 수 없게 만든다. 한 사람이 그린 작품으로는 가장 키다란 벽화로 남을 이 그림은 미켈란젤로라는 이름에 일종의 신비감을 부여한다. 예술계에서 거의 신과 대등한 반열에 오른 것이다. 그 누구도 그의 예술에 대해 함부로 토를 달 수 없게 되었다. 라파엘로에 열광하느라 그를 잊었던 사람들도 이제는 분명히 알게 되었다. 피렌체 르네상스 회화의 완성자가 그 누구도 아닌 바로 미켈란젤로라는 것을 말이다.

미켈란젤로 생애의 최고 걸작 중 하나가 그토록 하기 싫어 하던 일이었다는 건 참으로 아이러니하다. 율리오 2세는 원수일까, 은인

일까. 어쨌든 미켈란젤로의 절대적 고객인 율리오 2세는 자신이 그토록 우겨서 완성한 시스티나 예배당 천정화를 그리 오래 감상하지는 못했다. 완성된 이듬해 숨을 거두었기 때문이다. 또한 야심차게 추진한 자신의 영묘 조각상들은 제작이 지연되면서 규모가 계속 축소되어 본래의 계획보다 아주 작게 만들어졌다. 하지만 이 프로젝트 역시 미켈란젤로에게 걸작 하나를 추가할 기회를 안겨주었다. 바로 영묘의 중앙을 차지하고 있는 모세상이다. 이렇게 보면 율리오 2세와 미켈란젤로는 참으로 깊은 애증의 관계로 얽힌 인연이라 하지 않을 수 없다.

율리오 2세의 뒤를 이어 이후 약 20년간 메디치 가문이 배출한

미켈란젤로, 모세, 1513~1515년경, 높이 235㎝, 산 피에트로 인 빈콜리 성당.

교황시대가 열렸다. 그 시작은 위대한 자 로렌초의 아들인 조반니였다. 인문적 소양이 출중한 그는 레오 10세로 즉위했다. 그의 곁에는 사촌동생 줄리오가 측근으로 있었는데, 그는 파치 가 암살 사건 때 죽은 줄리아노의 사생아였다. 그는 사촌형을 모시면서 교황청 내부 사정에 밝았는데 이후 클레멘스 7세 교황이 되었다. 이처럼 피렌체 출신들이 연이어 교황청의 수장이 되었다는 것은 미켈란젤로의 삶에 중대한 변화가 생긴다는 걸 의미했다. 교황들이 로마를 꾸미는 일보다는 피렌체에 있는 자기 가문을 다시 일으키기 위해 많은 노력을 했기 때문이다. 그 결과 미켈란젤로는 피렌체로 파견되어 메디치 가문을 위한 많은 일을 하게 된다. 이때부터 본격적으로 건축에도 손을 대는데 산 로렌초 성당 파사드 작업이나 라우렌시아나 도서관 계단 공사 등이 그러한 일이었다. 산 로렌초 성당의 신성구실을 만들고 메디치 가 사람들의 무덤을 조성하여 조각으로 장식하는 일도 매우 중요한 일이었다.

그는 어린 시절 메디치 저택에서의 삶을 천국에서 떠나야 했던 아담처럼 평생 그리워했다. 거장이 된 지금, 이러한 일들을 한다는 건 위대한 자 로렌초에게 입었던 은혜를 조금이나마 갚는 셈이 될 것이었다.

미켈란젤로, 줄리아노 데 메디치의 무덤, 1526~1534년, 650×470㎝, 산 로렌초 성당 신성구실.
미켈란젤로가 조각한 줄리아노의 무덤. 삼촌과 이름이 같은 느무르 공작 줄리아노는 로렌초의 셋째 아들로 1512년에서 4년간 피렌체를 통치했다.

르네상스 건축을 완성하다

길었던 메디치 교황의 시대도 어느새 지나가고 새로운 교황이 선출됐다. 이는 미켈란젤로가 로마로 돌아와야 한다는 것을 의미했다. 그 뒤로 등장한 교황들이 미켈란젤로를 로마에 붙잡아두려 했기 때문이다. 그렇게 해서 그가 여생을 보낼 곳은 로마로 결정되었다. 이 시기에 그는 그림으로는 시스티나 예배당 서쪽 제단 벽면에 〈최후의 심판〉을 남겼다. 이를 제외하면 그의 활동은 주로 조각과 건축에 치우쳤는데 그중에서도 건축에 많은 시간과 에너지를 썼다.

시스티나 예배당 제단 쪽 벽이 화재로 망가진 후 오래도록 많은 논의가 있었다. 여러 제안이 검토 되고 몇몇 시도도 있었는데 결국 바오로 3세가 즉위하면서 미켈란젤로에게 일이 주어졌다. 그는 이번엔 거대한 벽면을 하나로 하여 최후의 심판 장면을 그렸는데 그림이 완성되기 전부터 격렬한 찬반 논쟁이 있었다. 그 주된 이유는 그림에 등장하는 여러 성인이 모두 나체라는 점이었다. 간단하게 생각해 보면 원칙적으로는 나체인 것이 맞다고 볼 수 있다. 본래 아담과 이브도 천국에서 살 때 옷을 입지 않았다. 세상의 종말이 와서 사람들 모두가 천국과 지옥으로 나뉘는 순간을 그린 그림인데, 등장인물이 옷을 입고 있는 것은 이치에 맞지 않다. 물론 성서의 몇몇 구절을 토대로 이야기를 하자면 다른 의견도 있겠지만 아주 단순하게 생각해서 그렇다는 것이다. 하지만 아무리 그래도 보기엔

미켈란젤로, 최후의 심판, 1534~1541년, 1370×1200㎝, 시스티나 예배당, 이 거대한 그림에는 인간이 취할 수 있는 모든 동작을 표현한 391명의 인물이 등장한다. 위에서부터 천국과 연옥, 지옥을 순차적으로 담은 이 그림은 미켈란젤로가 그린 단테의 〈신곡〉이라 할 수 있다. 처음엔 모두 실오라기 하나 걸치지 않은 나체로 그려졌으나 1564년 트리엔트 공의회 결정에 따라 중요 부위를 덧칠했다.

불편했다. 고대 로마 목욕탕을 그린 것과 뭐가 다르냐는 불만이 있었다. 다만 미켈란젤로가 그린 것이라 그의 앞에서는 크게 문제 삼지 못했다. 그만큼 미켈란젤로는 교황청 내에서도 특별한 존재였던 것이다.

시스티나 예배당을 나와 산 피에트로 대성당으로 향했다. 통로를 따라 내려와서 성당 정면을 바라보면 두 갈래 길이 있다. 성전 입구로 들어가면 세상에서 가장 큰 성전을 관람할 수 있고 우측으로 돌아가면 반구형의 거대한 쿠폴라에 올라 로마를 내려다볼 수 있다. 브라만테에 이어 라파엘로도 이 성당을 짓는 일에 시간과 정성을 쏟았다. 하지만 이들이 1514년과 1520년에 세상을 떠난 후 성당의 설계안은 손대는 사람에 따라 이리저리 바뀌었다. 그러다 갈 길을 잃었고 보다 못한 교황 바오로 3세가 이를 미켈란젤로에게 맡겼다. 미켈란젤로는 큰 사명감을 느꼈다. 베드로가 순교한 자리에 세워진 지상 최대 규모의 교회. 신의 대리인인 교황이 직접 미사를 집전하는 성전 공사의 성패가 자신의 손에 달려 있었던 것이다. 그는 공사 계약을 하면서 다른 이들을 놀라게 하는 한마디를 했다. 공사대금 중에서 자신의 보수는 빼라고 한 것이다. 평생을 일하면서 그는 많은 돈을 벌었다. 자식도 없는 그로서는 여생을 살아가는 데 아무런 걱정이 없었다. 하지만 이처럼 많은 시간과 노고가 들어가는 일에 보수를 받지 않겠다니. 부담이 되어 발을 빼려는 것은 아닌지 의심을 받기도 했다. 하지만 그건 기우였다. 그는 그야말로 헌신적으로 일에 매달렸다. 연로한 나이에 몸 성한 곳도 별로 없었지만 자신의 몸을 돌보지 않았다. 병상인데도 일어나 성당으로 달려가고, 거기서 일에 몰두하다 탈진해 하인에게 업혀 오는 일도 여러 차례 있었다고 한다. 이런 그의 노력으로 산 피에트로 대성당은 중앙 쿠폴라를 중심으로 이뤄진 지금의 형태를 잡게 되었다. 쿠폴라의 디자인도 미켈란젤로의 작품이다.

산 피에트로 대성당의 내부. 전면에 베르니니가 만든 청동으로 만든 제단이 보인다.

성당에 들어간 일행은 벌어진 입을 다물지 못했다. 우선 규모가 상상을 초월했다. 넓이도 넓이지만 단층으로 지어진 건물의 층고가 무려 70미터이고 쿠폴라 꼭대기까지 전체 높이는 133미터에 달한다. 보통 크기의 성당들을 이 내부에 차곡차곡 쌓아 넣으면 수십 개가 들어갈 것이라는 말은 우스갯소리가 아니었다. 성당의 내부를 둘러보면 어느 곳 하나 소홀히 다룬 곳이 없다. 이 세상에서 가장 웅장하고 화려한 건물을 꼽으라면 이곳에 비길 수 있을까?

그러면서도 조금은 아쉬운 마음 금할 수 없다. 미켈란젤로가 죽은 후 이 건물은 길이가 길어졌다. 전면부를 많이 늘렸는데 이 때문에 광장에 서면 쿠폴라가 잘 보이지 않는다. 성당의 규모를 중시했기 때문으로 보이는데 그 결과 미켈란젤로가 머릿속으로 상상했

산 피에트로 대성당 쿠폴라에서 내려다 본 광장. 저 멀리 테베레 강변에 산탄젤로 요새가 보인다.

던 그 모습에서 상당부분 달라져버린 것이다. 17세기에는 베르니니의 설계로 우아한 회랑으로 둘러싸인 큰 광장이 들어서서 더욱 다른 모습의 성전이 되었다.

로마에서 미켈란젤로의 손길이 닿은 건물을 두 개 더 소개하려 한다. 하나는 바오로 3세가 교황이 되기 전 파르네세 추기경이라 불리던 시절에 개인 저택으로 지은 건물이다. 안토니오 다 상갈로의 설계로 처음엔 2층으로 지어졌는데 교황이 된 이후 미켈란젤로를 시켜 3층 건물로 증축하면서 전체적으로 손질했다. 기존 건물에 한 층을 올린 형태이지만 전체적인 조화와 균형이 르네상스 양식의 걸작으로 불리기에 부족함이 없다.

테베레 강변에 위치한 파르네세 궁전의 모습. 현재 이탈리아 주재 프랑스 대사관으로 사용되고 있다.

다른 한 곳은 포로 로마노와 베네치아 광장 사이에 위치한 캄피돌리오 광장이다. 옛 로마의 발상지로 일곱 개의 언덕이 있었다고 하는데 그중 하나인 카피톨리노 언덕에는 여러 신전이 있었다. 이곳을 정비하라는 교황의 명에 의해 미켈란젤로가 조성했다. 이 광장은 올라가는 계단이 특이하다. 말을 타고 달려 올라갈 수 있게 되어 있고 시각적 착시 현상을 통해 올라갈 때에는 그리 멀게 느껴지지 않는다. 전면의 옛 시청사 건물을 보수하고 양쪽으로 새로 건물을 지었는데 광장 안으로 들어갈수록 건물 사이 간격이 벌어진다. 이도 역시 광장의 통일성을 높이기 위해 일종의 착시 효과를 노린 것이다. 광장의 한가운데에는 청동 기마상이 서 있고 그 주위

캄파돌리오 광장. 마르쿠스 아우렐리우스 기마상이 보인다.

로 대리석이 깔려 있는데 기마상의 주인공은 로마 시대 오현제의 한 명인 마르쿠스 아우렐리우스이다. 그리고 바닥 대리석은 어떤 무늬를 그리고 있는데 바닥에서 보기가 쉽지 않다. 바닥에 그려진 무늬들은 하나로 모여 한 송이의 꽃이 된다고 한다. 청동상 주위로 12개의 잎사귀들이 화살표처럼 그려져 있는데 이는 기독교를 전파하러 전 세계로 떠난 12사도를 상징한다. 그런데 미켈란젤로는 땅에서 보이지도 않는 이런 거대한 꽃을 왜 디자인 했을까? 그는 우리 인간을 위해서 설계하지 않았다. 저 높은 곳에서 땅을 내려다 보실 그분, 즉 자신이 믿는 신에게 정성스레 한 송이의 꽃을 바친 것이다.

미켈란젤로의 기적

시스티나 예배당을 찾은 이들에게 무엇을 보았느냐고 물으면 모두 〈천지창조〉와 〈최후의 심판〉을 보았다고 답한다. 이어 다른 그림은 못 보았느냐고 물으면 다들 의아해하며 묻는다. 정말 다른 그림도 있었느냐는 것이다. 이쯤 되면 그림을 그린 화가들이 슬퍼할 만하다. 그것도 한때 최고라고 칭송 받던 벽화들인데…. 이들은 모두 전기 르네상스를 대표하는 쟁쟁한 거장들로 다름 아닌 보티첼리, 기를란다요, 페루지노, 로셀리 등이다. 그런데 이 그림들이 보이지 않다니. 차원을 달리하는 위대한 그림만이 가질 수 있는 힘이라 하겠다.

미켈란젤로의 성취는 어디에서 왔을까. 이에 대해서는 천재설이 있고 행운설이 있는데 천재설을 먼저 살펴보자. 노벨 문학상을 수상한 프랑스의 소설가 로맹 롤랑은 이렇게 말했다.

"천재가 있다는 걸 믿을 수 없는가? 천재가 무엇인지 도무지 모르겠는가? 그렇다면 미켈란젤로를 보라."

미켈란젤로는 좋은 대리석을 보면 그 안에 담긴 작품이 보였다고 한다. 그래서 그저 불필요한 돌을 쳐내면 될 뿐이었다고 하니 놀라운 시각화 능력이 아닐 수 없다. 그는 시스티나 천정화를 그리기 전에는 프레스코화를 그린 적이 없다. 프레스코는 오랜 기간의 숙련이 필요한 작업이다. 초보로 시작했음에도 결국 그는 아무런 문제 없이 가장 아름답고 장엄한 프레스코화를 그려냈다. 건축에서도 그는 천재적 영감을 발휘했다. 주변 환경과 기존의 시설을 조화롭게 구성하는 면에서 특히 뛰어났다. 이런 면면만 보더라도 그가 천재가 아니라 말할 사람은 없을 것이다.

그의 성취를 말하는 다른 논거는 행운설이다. 어떤 이들은 미켈란젤로가 운이 좋은 사람이었다고 말한다. 높은 신분으로 태어나, 어린 나이에 로렌초에게 발탁되어 분에 넘치는 교육을 받았고 그 결과 다른 이들은 따라올 수 없는 수준의 전인적 교양인이 되었으며 그걸 바탕으로 높은 신분의 사람들하고만 교류하면서 좋은 일거리를 맡아 할 수 있었다는 것이다. 말하자면 그를 전형적인 엘리트라고 규정한 셈이다. 이러한 행운설도 틀린 이야기는 아니지만 우리는 그의 인생 발자취를 따라 오면서 조금은 과장된 면도 있음을 알게 되었다. 그는 스스로 왕가의 후손이라 주장했지만 실은 그렇지 않다. 오해가 신념이 되고 그걸 남들이 인정해준 것에 불과했다. 그리고 시인으로서의 소양을 제외하면 그의 교양이라는 것도 생각보다 그리 대단하지는 않았다. 물론 훌륭한 교육을 받았으니 다른 예술가들과는 수준이 달랐을 것이다. 하지만 메디치 가에서 지낸 시기는 어린 시절 3년여에 불과했고 그 뒤로 그는 재능 있는 젊은이라는 평가 이상을 받지는 못했다. 그러다 우연히 간 로마에서 〈피에타〉를 제작해 눈부시게 성공한 것인데, 이후 그를 최고의 자리로 올려놓은 것은 전적으로 그의 작품들이었다.

미켈란젤로의 기적에는 천재설과 행운설만으로는 설명할 수 없는 뭔가가 있다. 남과 다른 특별한 재능을 가지고 많은 운을 얻으면 미켈란젤로가 될 수 있을까? 그렇지 않을 것이다. 그의 위대함과 관련하여 가장 먼저 주목하려는 건 예술을 대하는 그의 자세이다. 다음은 그가 들려준 이야기이다.

"이미 내게는 나를 끊임없이 노력하게 만드는 너무 과분한 아내가 있다. 그녀는 바로 나의 예술이요, 나의 자식은 나의 작품이다."

많은 기록은 한결같이 그가 예술에 헌신한 사람임을 말해준다.

먹고 자는 때만 빼고 작품 만드는 일에만 몰두했다는 것이다. 그는 당시로 보면 매우 오래 살았는데 아흔을 바라보는 나이에도 그는 정을 놓지 않고 작품을 다듬었다. 마치 구도자 같았다.

"나는 장사꾼 같은 화가나 조각가로는 살지 않았다."

그에게 작품은 자식과도 같았기 때문에 그는 어느 것 하나 소홀히 하는 법이 없었다. 이런 면에서 그는 라파엘로와 구분된다. 라파엘로는 고객의 요구에 따르는 것을 우선하여 작품의 질이 다소 떨어지는 것도 받아들였다. 그러다 보니 무려 3천 점이 넘는 작품에 서명할 수 있었다. 하지만 미켈란젤로는 작품을 완성하지 못하는 한이 있더라도, 혹은 고객을 매우 서운하게 만드는 한이 있더라도 결코 작품의 완성도를 포기하지 않았다. 시스티나 예배당 천정화만 해도 그러하다. 정말 하기 싫은 일이었지만 그는 최선을 다했다. 그리고 모두의 예상을 뒤엎고 자신의 한계를 뛰어넘어 미술사에 찬란히 빛나는 걸작을 탄생시켰다.

이런 그의 태도는 종종 오해와 미움을 받는 원인이 되기도 했다. 프란치스코 데 홀란다가 전해준 그의 이야기다.

"한 점의 훌륭한 그림은 창조주가 지닌 완벽한 권능의 그림자일 뿐이다. 그것은 오직 고귀한 영혼만이 상당한 노력을 기울여 감지할 수 있는 신의 그림, 음악, 멜로디의 모방에 지나지 않는다."

그는 스스로 고귀한 영혼을 가졌음을 의심해본 적이 없었다. 그러다 보니 신의 그림, 음악, 멜로디를 감지할 능력이 없는 이들과는 어울리지 않았다. 게다가 자신이 그것을 감지했다고 확신했을 때에는 공동 작업자나 앞선 작업자의 생각을 철저히 무시했다. 그러니 그의 주변에는 적이 늘어만 갔다. 하지만 그에게는 다른 사람들과의 관계보다는 자신이 열렬히 섬기는 예술에 헌신하는 것이 훨씬 더 중요했다. 그것이 비록 엄청난 노력을 요하는 일이라 해도 그는 부단히 자신을 단련하여 그 일을 해냈다.

나는 그가 메디치 가문에서 배운 가장 의미 있는 한 가지를 꼽으라면 고대 그리스 사람들의 가치관인 아레테를 추구하는 삶을 들고 싶다. 그의 삶이야말로 르네상스의 이상인 아레테의 전형이었다. 그보다 170년 전에 태어났던 계관시인 페트라르카가 강조한 것처럼 그는 자신의 내면에서 잠재력을 발견하고 그 잠재력을 단련해 탁월함에 이르도록 했다.

그는 예술을 통해 자신의 삶을 온전히 구현할 수 있다고 확신했다. 스스로 조각가라 생각했고 조각이 가장 우월한 예술 분야라고 믿은 그였지만, 결국 자의반 타의반으로 시작해 그림에서도 르네상스를 대표하는 최고의 프레스코화를 남겼고 또한 건축에서도 르네상스를 대표하는 걸작 건축물을 남겼다. 그리고 그의 탁월함에 대해 누구도 이의를 제기하지 못하게 되었을 때, 그는 살아서 이미 신의 경지에 올라섰다.

"예술이 존속하는 한 예술은 세월을 초월하는 아름다움을 간직할 수 있다. … 그러므로 나는 예술을 더욱 완전하게 만들 것이다."
_1546, 미켈란젤로

예술에 대한 열렬한 사랑으로 미켈란젤로는 영원한 젊음을 살았다. 그는 자신의 삶을 온전히 구현할 무언가를 발견해 그것에 모든 것을 바쳤다. 부족한 부분은 부단한 노력으로 극복하여 세상이 인정할 가치 있는 뭔가를 지속적으로 만들어냈다. 그것도 더 완전하게 하기 위한 노력을 절대 멈추지 않았다. 난 미켈란젤로가 보여준 삶의 방식이 지금 우리에게 요구되는 시대적 가치와 동떨어져 있다고 생각하지 않는다. 오히려 창조성을 꽃피워야 할 이 시대에 절대적으로 필요하다고 확신한다. 모든 이가 미켈란젤로가 이룬 것을 이룰 수는 없다. 하지만 미켈란젤로의 길을 선택하고 그 위에 설 기회는 모두에게 주어진다. 그 선택은 우리를 젊게 한다. 나이와 상관 없이 영원한 젊음을 살 수 있게 한다.

포로 로마노에서의 시간 여행

난 디지털 카메라가 좋다. 성질이 급해서 찍은 즉시 확인해야 직성이 풀리기 때문이다. 하지만 빛 바랜 흑백사진처럼 세월의 흔적이 묻어 있는 느낌을 나타내고 싶을 때는 늘 아쉽다. 방법은 하나 있다. 그건 이른바 환영촬영이라 하는 것인데, 현장에서 몰입하면 과거 속으로 빠져들 수 있다.

새가 포로 로마노 상공을 날고 있었다. 하늘은 잔뜩 흐리고, 빗방울이 쏟아지려 했다. 흐린 날씨는 사진의 채도를 낮추고, 빛은 연하게 흩어진다. 새를 포착하느라 포로 로마노 전체가 흔들렸다. 이런 정황은 과거와 현재의 경계를 허물어버린다. 셔터 소리와 함께 잡힌 새의 특이한 날개짓이 시선을 끌었다. 멍한 끌림으로 그 아래 펼쳐진 포로 로마노의 과거 속으로 들어갔다.

포로 로마노의 한가운데에 들어섰을 때 걸음을 멈췄다. 갑자기 어둠이 깔리고 두려움이 몰려왔다. 많은 시간의 층이 쌓인 그곳에서 로마인들의 이야기가 들리기 시작했다. 무너져버린 벽돌과 기둥들, 웅장한 건축물의 흔적 속에서 상상의 나래를 폈다. 불현듯 이곳을 다녀간 사람들의 얼굴이 떠올랐다. 브루넬레스키와 도나텔로를 시작으로 미켈란젤로에 이르기까지. 그들은 이곳에서 천 년이 넘는 시간을 거슬러 의미들과 만남을 가졌을 것이다. 그들은 천 년 전 고대 로마를 뒤지고 있었고, 나는 500년 전 그들을 따라잡고 있었다. 우리는 한순간 하나가 되어 과거를 좇는 사냥꾼의 모습을 하고 있었다.

미켈란젤로를 만나다

피렌체를 대표하는 위인들이 묻힌, 유서 깊은 산타 크로체 성당에서의 일이다. 성당에 들어갈 때부터 이상한 감정에 휩싸였다. 카메라를 손으로 잡고 있기가 힘들 지경이었다. 나도 모르게 카메라 끈을 목에 걸었다. 쿵쾅쿵쾅 심장소리가 들리고 손에서는 땀이 배어났다.

화가는 생각을 그리고, 사진가는 보이는 것 속에 자신을 집어넣는다. 나는 이번 여행을 계기로 예술가에 대한 생각이 바뀐게 하나 있다. 그동안 다 빈치가 가장 뛰어난 천재가 아닐까 생각했었다. 그런데 현장에서 미켈란젤로의 진면목을 느끼면서부터 마음이 달라졌다. 피렌체에서 받은 감동이 로마에서 배가되었다.

드디어 그의 무덤 앞에 섰다. 쿵쾅거리는 심장 소리가 몸 전체를 흔들었다. 흔들린 사진이 아니다. 당시 내 눈앞에 펼쳐진 모습 그대로인 것이다.

돌덩이에서 그 안에 들어 있던 천사를 끄집어낸다는 그의 말처럼, 나는 사진으로 그와 만나고자 했다. 똑바로 볼 수 없는 신적 존재 앞에서 어찌 인간이 당당하리오.

슬픈 산탄젤로 요새

로마 르네상스가 절정으로 치닫던 16세기 초반의 정세를 살펴보자. 15세기까지만 해도 이탈리아는 밀라노, 베네치아, 피렌체, 교황령과 나폴리를 중심으로 도시들이 상호 협력과 견제 속에서 세력 균형을 이뤘다. 한쪽의 힘이 커지면 다른 도시들이 연합해 대항하는 형국이었다. 이런 안정적 구도는 나폴리 왕위 승계권을 놓고 프랑스가 이탈리아를 침공하면서 균열이 생기기 시작했고 이어 밀라노의 야심가 루도비코가 외세를 끌어들이면서부터 악화되기 시작했다. 이후 율리오 2세 교황 역시 문제가 생길 때마다 적으로 적을 제압하는 이이제이 전술을 썼는데 프랑스를 견제하기 위해 선택한 스페인이 나폴리 지배를 확정하면서 이탈리아 반도 전역에 어두운 그림자가 드리워졌다.

스페인이 나폴리를 지배하게 된 건 그리 큰 문제가 아닐 수도 있었는데 상황은 이상하게 치달았다. 주요 왕가들의 후손이 씨가 마르면서 카를로스 5세라는 젊은이에게 권력이 집중되기 시작한 것이다. 유럽 왕가가 복잡한 혼맥으로 얽혀 있는 가운데 그는 시기를 잘 타고난, 이른바 황금숟가락을 입에 물고 태어난 남자였다. 할아버지에게 신성로마제국 전역을, 외가로부터는 스페인 전역과 나폴리, 남미와 아프리카 식민지는 물론 시칠리아와 샤르데냐 등의 이탈리아 영토까지 물려받게 된 그는 자기 스스로 뭘 하지 않았음에도 역사상 손꼽힐 정도로 넓은 영토의 지배자가 되었다. 게다가 신대륙으로부터 황금이 밀려들어와 그는 세계 최강의 군대와 함대까지 갖출 수 있었다. 유럽의 나라 중에 이런 그가 부담스럽지 않

티치아노, 개를 데리고 있는 카를로스 5세 초상, 1533년, 111×192㎝, 프라도미술관

은 나라는 없었다. 그를 견제할 수 있는 유일한 강대국이던 프랑스의 프랑소아 1세가 카를로스 5세와 대결해 참패하고 비참한 굴욕을 맛본 이래, 유럽은 카를로스 5세의 손아귀에 있었다.

하지만 메디치 가문 출신의 클레멘스 7세 교황은 결코 이 상황을 받아들이고 싶은 생각이 없었다. 벌써 수세기에 걸쳐 황제권과 교황권이 충돌하는 상황이었다. 너무나 강력한 황제가 등장하자 교황은 프랑스와 신성동맹을 맺고 황제에게 대항하였다. 하지만 카를로스 5세에게 대패한 충격에서 벗어나지 못한 프랑스가 소극적으로 나오자 여유가 생긴 카를로스 5세는 군대를 로마로 진격시켰다. 교황은 황급히 산탄젤로 요새로 피신했고 결국 신성동맹을 포기한다는 약속을 해야 했다. 하지만 황제가 물러나자 곧바로 교황청 내 스페인 세력인 콜론나 가문을 공격해 살육전을 벌였다. 일종의 보복이었다. 그러자 카를로스 5세의 분노는 극에 달했다. 지난번엔 가톨릭 신자들인 스페인 군대만 이끌고 갔지만 이번엔 군대를 더 끌어모아 독일 군대도 합류시켰다. 독일군 중에는 루터교도도 있었다. 이들은 교황에 대한 복종심은커녕 그간의 종교적 탄압으로 증오심만 키워온 이들이었다. 전쟁 중에 이들을 지휘할 지휘관이 전사하고, 임금 지급까지 늦춰지면서 카를로스 5세의 군대는 순식간에 약탈자로 변했다. 교황은 다시금 산탄젤로 요새로 피신하였지만 포위당한 채 7개월 동안이나 갇혀 지낼 수밖에 없었다. 폭도로 변한 군대는 로마를 닥치는 대로 파괴하고 약탈했다. 버티던 교황도 마침내 항복을 선언하지 않을 수 없었다.

화려했던 로마가 파괴되면서 전성기를 누리던 르네상스도 그 간판을 내리게 되었다. 교황은 엄청난 배상금을 물어내야 했기에 자금이 없었고, 로마의 귀족들도 약탈을 당해 돈줄이 말랐다. 그들의 후원으로 활동하던 예술가들도 로마를 떠나 뿔뿔이 흩어졌다. 클레멘스 7세가 죽고 바오로 3세가 즉위하면서 로마도 다시 기운을 추슬러 도시 재건에 나섰지만 전성기 때의 창조적 열기를 회복할 수는 없었다. 오직 미켈란젤로 정도만이 교황의 일을 맡아 할 뿐이었다.

이제 르네상스는 베네치아로 옮겨가 간판을 걸게 된다. 로마를 버리고 갔던 예술가들은 이제 각자 새로운 터전에서 활동했는데 로마에서 완성된 르네상스가 이탈리아 전역으로 확산되는 결과를 낳았다. 피렌체를 비롯한 몇몇 도시에서는 르네상스의 변형이라 할 수 있는 마니에리스모 양식이 생겨나 인기를 누리면서 당시 급부상하던 베네치아 미술과 대립 구도를 만들어냈다. 이런 대립과 긴장 속에서 미술은 새로운 시대를 준비하게 된다.

세바스티아노 델 피옴보, 클레멘스 7세 교황, 1531년, 105×88㎝, 게티미술관

5 Venezia

베네치아 Venezia

티치아노를 만나다

티치아노와 베네치아 예술가들

티치아노와 베네치아 예술가들

이탈리아 반도의 동북쪽 변방에 홀로 번성했던 나라 베네치아. 영어로는 베니스인데, 셰익스피어의 연극으로 널리 알려진 상인의 도시다. 피렌체에서 르네상스가 활짝 꽃피던 시절만 해도 중세 예술이 지배하던 이곳에 16세기 이후 놀라운 변화가 펼쳐진다. 그 주역은 다음과 같다.

베첼리오 티치아노(1488~1576) 베네치아 르네상스의 대표주자. 모든 장르의 그림에 탁월했고 회화의 군주라 불렸다.

조르조네(1478~1510) 티치아노의 스승으로 본명은 조르조 바르바렐리다. 미술사에 빛나는 여러 업적을 이뤘으나 젊은 나이에 요절했다.

틴토레토(1519~1594) 티치아노의 제자로 본명은 야코포 로부스티이다. 베네치아 화단의 영광을 계승했으며 독특한 그림으로 바로크 미술의 선구자로 여겨진다.

조반니 벨리니(1430~1516) 티치아노 이전 시대의 대표 화가. 베네치아의 그림은 화려한 색채를 특징으로 하는데 그의 영향이다.

기타
파올로 베로네세, 야코포 바사노

화가의 눈은 겉모습에 치우쳐서는 안 된다.
그려지는 대상의 성품과 속마음까지도
표현할 수 있어야 한다.

단 한 줄이라 해도 즉흥적으로는
완벽한 시를 만들어낼 수 없듯
그림을 그릴 때에도 다듬고 또 다듬어야 한다.

_ 베첼리오 티치아노

물 위의 도시
베네치아를 걷다

세상에 베네치아 같은 도시는 없다. 작은 섬과 섬이 끝없이 연결된 이곳은 차가 다닐 수 없다. 대중교통 수단은 수상 버스이고 모터보트가 승용차 역할을 하며 유명한 곤돌라는 유람선이다. 그렇다면 이 도시는 배를 타거나 아니면 걸어 다녀야 한다는 말이 된다. 그뿐인가. 배를 타고 대운하로 접어들면 양옆으로 늘어선 건물들이 경쟁적으로 아름다움을 뽐낸다. 수많은 영화의 촬영지이자 비엔날레의 도시이며 세계 최고의 영화제가 열리는 곳이고, 한 시대를 풍미한 미술의 본고장이기도 하다.

본래 베네치아는 아카데미아나 구겐하임 등 미술관의 명성과 컬렉션에서 고전과 현대미술을 아울러 세계 최고 수준을 자랑한다. 하지만 미술 애호가들이 가장 많이 찾는 건 아무래도 르네상스의 피날레를 장식한 걸작들이리라. 이 걸작들이 있기에 많은 미술관, 공공기관 건물, 또 수많은 성당으로 발품을 팔아야 하는 것이다. 그런가 하면 베네치아 관광의 일번지인 산 마르코 광장은 어떤가. 나폴레옹이 세상 최고의 응접실이라 감탄했던 곳. 한 지인은 이 광장을 일컬어 여행을 통해 느낄 수 있는 행복이 무엇인지 제대로 알게 해주는 곳이라 했는데… 각오하시라. 이 베네치아를 본다는 건, 이제 이보다 더 매력적인 여행지를 떠올리기가 매우 어려워진다는 걸 의미하니까.

베네치아에서는 늘 두 개의 세상이 펼쳐진다. 하나는 현실이고

대운하를 미끄러져 가는 곤돌라들

다른 또 하나는 반영된 허상이다. 물에 떠 있는 듯 수면과 맞닿아 있는 도시라서 물에 반사된 모습이 늘 화려한 색채를 자랑하는 수채화처럼 보인다. 자연과 주변 환경은 늘 화가에게 영감을 준다. 이곳 베네치아 화가들도 예외는 아니었다. 그들의 그림이 화려하고 역동적인 것은 자연을 닮았기 때문이다. 현란한 붓놀림은 일렁이는 파도의 움직임을 닮은 것이며, 그림에는 파도 소리마저 담아냈다. 누구도 자연의 속삭임에 귀 기울이지 않을 수 없다. 자연은 항상 우리 곁에서 함께한다.

호텔에서 아침 식사를 하며 창 밖을 보니 대운하의 수위가 어제보다 높았다. 그저 느낌일까 했는데 호텔을 나와 수상버스를 타고 산 마르코 광장에 이르니 광장이 별천지가 되었다. 바닷물이 넘실넘실 광장을 덮고 있다가 아침이 되어 빠지고 있었던 것이다. 일정을 꼽아보니 바닷물이 높은 시기였다. 바닷물이 거울이 되어 산마르코 광장의 색다른 모습을 보여주고 있다. 베네치아에서만 볼 수 있는 장관이다.

베네치아를 찾은 사람들

일행이 처음 찾아간 곳은 광장에서 가까운 곳에 있는 산 자카리아 성당이다. 티치아노의 큰 스승 벨리니를 만나러 온 것이다. 화려한 색채의 그림들이 양쪽 벽면을 가득 채운 이 성당에서 가장 유명한 그림은 왼쪽 벽면 중앙에 있는 성모상이다. 벨리니의 대표작 〈자카리아의 성모〉. 차분하고 진지한 분위기에서 아름다운 성모가 신자들을 맞이하고 있다. 이 그림에는 베네치아 회화의 전형적 특징인 화려한 색채가 유감 없이 보여진다. 그런데 이 그림을 좀 더 자세히 들여다보면 베네치아 예술이 갖는 중요한 의미를 알게 된다. 그건 바로 '융합의 힘'이다. 이 그림에는 네 가지 다른 요소가 담겨 있다고 하는데, 그림을 보자.

먼저 이 그림의 배경을 보면 기둥과 아치로 볼 때 고대 건축물이다. 즉 고대가 담겨 있다. 다음으로 그림의 소재를 보면 성모와 성인들이므로 기독교 종교화이다. 세 번째는 이를 중세식으로 그리지 않고 원근법을 충실히 따르고 있으므로 르네상스 양식이다. 마지막으로 성모의 머리 위로 둥그런 천정이 하나의 요소이다. 둥그런 반구형태에 금색을 바탕으로 모자이크로 장식했다. 이는 동로마의 비잔틴 양식이다. 고대, 기독교, 르네상스, 비잔틴… 한 폭의 그림에 이처럼 서로 다른 요소가 네 가지나 섞여 있는 것, 다른 나라에서는 좀처럼 발견하기 어려운 베네치아만의 것이다. 이와 같은 융합이 가능했던 이유로는 두 가지를 꼽을 수 있다.

벨리니, 자카리아의 성모, 1505년, 402×273cm, 산 자카리아 성당

하나는 베네치아가 지정학적으로 유럽의 중심이면서 동시에 지중해 상권을 장악한 교역의 중심지였다는 것이다. 베네치아는 이탈리아는 물론 독일과 북유럽, 동로마 비잔틴 제국을 잇는 요충지로 심지어 오스만투르크나 아프리카와도 활발하게 교류했다. 그러므로 다른 지역에 비해 새로운 문물을 빨리 접할 수 있었다. 북유럽에서 유화물감이 전해진 것이나 아시아 지역에서 금보다 비싸다는 파란 안료인 청금석을 직접 들여올 수 있었던 것도 베네치아가 누린 지정학적 이점이었다. 물론 흑사병처럼 안 좋은 것도 빨리 들어온다는 단점도 있었다.

다음으로 꼽을 수 있는 것은 베네치아 사람들의 개방성이다. 이는 앞서 말한 교역 중심지라는 면을 생각하면 쉽게 이해할 수

산 마르코 종탑에서 내려다보는 아침을 맞이하는 베네치아. 시오노 나나미가 '주홍빛 베네치아'라고 불렀던 이유를 알 수 있다.

있다. 장사에 능한 사람들은 남을 쉽게 배척하지 않는다. 가급적 좋은 관계를 맺으려 한다. 그래야 생각과 종교, 문화 등 모든 면에서 차이가 많은 먼 나라와도 교역할 수 있다. 베네치아의 이런 개방성은 한발 더 나아가 사상의 자유를 보장하는 것으로 이어졌다. 다른 도시에서 정치적으로 탄압받은 망명객들도 베네치아에서만큼은 자유롭게 거리를 활보하고 다녔다. 생각을 구속하지 않고 차이를 존중한다는 것, 이건 생각보다 쉽지 않다. 베네치아 사람들은 이러한 개방성을 토대로 좋은 것을 새롭게 알면 쉽게 받아들였다. 매우 실용적이었다는 말이다. 그리고 이런 새로운 문물을 소화한 다음 자기만의 것을 만들어내는 데 능했다. 이러한 분위기가 바로 베네치아 르네상스의 원동력이 되었다.

그럼 예술 분야에서 이곳 베네치아에 전해진 선진 문물은 무엇이었는지 살펴보자. 르네상스 시대에 베네치아를 찾은 유명 인사가 많다. 무려 80여 년을 산 벨리니의 생애를 기준으로 그 이야기들을 거슬러 올라가보자. 조반니가 아주 어렸을 때다. 피렌체의 코시모 데 메디치가 정변에 휘말려 베네치아로 망명을 왔다. 이때까지만 해도 베네치아 사람들은 비잔틴 양식과 국제 고딕 양식을 최고로 생각했다. 그러다 이탈리아 전역에 이름난 명사인 코시모가 이곳에 머물면서 피렌체에 대한 동경과 르네상스에 대한 관심이 생겨났다. 코시모와 동행한 건축가 미켈로초의 활약도 큰 영향을 미쳤다.

그 뒤로 조반니가 청년이 되어 왕성하게 활동할 때였다. 고전적 느낌의 작품들만 만들다가 피렌체에서 인기가 시들해진 중년의 도나텔로가 베네치아 인근 파도바에 초청되어 오래도록 머물게 되었다. 이곳에서 주로 청동 조각상을 제작하는 일에 매진했는데 그의 작업장엔 늘 많은 예술가가 몰려들었다고 한다. 그리하여 베네치아 예술계는 르네상스 전반을 대표하는 대 예술가로부터 청동 기술은 물론 원근법과 엄정한 인체 묘사의 중요성을 배우게 되었다.

그 뒤로 벨리니가 원로로서 노익장을 과시할 무렵이었다. 밀라노에서 명성을 날리던 다 빈치가 주군을 잃고 전쟁을 피해 잠시 베네치아로 온 적이 있다. 이때 조반니가 길러낸 많은 젊은 예술가가 르네상스 최고의 천재 다 빈치에게 몰려와 많은 질문을 하고 또 그의 그림을 연구했다고 한다. 어린 티치아노도 이들 중 하나였다. 그렇게 해서 베네치아는 풍성한 대기 원근법과 스푸마토 기법은 물론 그림에 대한 관점을 바꿔 사실적이며 자연스러운 회화를 자신들만의 강점으로 만들어낼 수 있었다.

이와 같은 몇 가지 예만 보더라도 베네치아가 특유의 개방적인 자세로 외부의 새로운 것들을 얼마나 열렬히 받아들였는지 알 수 있다. 어떤 이는 수용과 융합에 능한 베네치아의 특성이 너무나 척박한 환경 때문에 공고해졌다고 말한다. 모든 물자를 외부에서 가져와야 하는 베네치아인들은 장사로 열심히 돈을 벌어야 했고 동시에 정보와 지식에서도 뒤처지면 안 되었다는 것인데, 새롭고 의미 있는 것이 있으면 어떻게든 배우려는 태도가 천성처럼 뿌리내렸다는 것이다.

그런데 더 나은 것을 수용하는 것만으로는 최고의 것을 만들어낼 수 없다. 그럼 이제부터는 베네치아가 만들어낸 것은 무엇인지 살펴보자. 베네치아적 성향과 '개방과 수용'이란 강점을 이용해 자기만의 것으로 융합해낸 예술가들을 만나볼 차례다. 그 정점에 있었던 티치아노를 중심으로 그 스승과 제자의 이야기까지 본격적으로 시작해보자.

비운의 천재 조르조네

아카데미아미술관 전경. 하얀색 파사드가 보인다.

피렌체에 우피치미술관이 있다면 베네치아에는 아카데미아미술관이 있다. 이곳을 이야기할 때 꼭 등장하는 인물이 바로 나폴레옹이다. 단 한번도 다른 나라에 굴복한 적 없던 천 년의 강대국 베네치아를 가볍게 무릎 꿇린 이가 바로 나폴레옹이다. 예술을 사랑한 그는 베네치아의 화려한 예술에 감탄했다. 하지만 귀찮은 것을 싫어하는 성격에 시간도 많지 않았기 때문에 베네치아의 각 성당에 뿔뿔이 흩어져 있던 걸작 회화들을 한 건물에 모으라는 지시를 내렸다. 독재자의 한마디에 서로 만날 일 없던 그림들이 한곳에 모였는데, 덕분에 우리도 이곳 아카데미아미술관에 들르면 베네치아를 대표하는 걸작들을 한 번에 감상할 수 있게 되었다. 고마워요, 나폴레옹! 이곳에서 우리가 만나야 할 가장 중요한 그림은 관람 순서로는 가장 마지막에 있다. 바로 티치아노를 가르친 조르조네의 그림이다.

티치아노에게는 소중한 스승이 있다. 벨리니 공방에서 미술을 배웠기에 당연히 조반니 벨리니에게도 은혜를 입었지만 그에게 스승을 한 명 꼽으라면 같은 공방의 사형이자 실제로 많은 것을 가르쳐준 조르조네가 되어야 할 것이다. 조르조네는 공방을 대표하는 스타였다. 그는 활달한 성격으로 인기가 많았고 자신이 알게 된 모든 것을 공방의 후배들에게 알려주는 이른바 대인배였다. 많은 이가 그를 따른 것은 당연했다. 티치아노는 그야말로 조르조네의 모

조르조네, 전원의 연주회, 1510년, 110×138cm, 루브르박물관
루브르가 자랑하는 이 작품은 전원에서 두 명의 악사가 연주에 몰입할 때 사람의 눈에는 보이지 않는 두 명의 뮤즈가 이들 곁에 머물면서 예술적 영감을 불어 넣고 있는 장면을 묘사한 것이다. 왼편의 뮤즈가 들고 있는 유리병의 묘사가 탁월한데, 이 병에서 흐르는 물은 예술적 영감이 넘쳐 흐르는 것을 비유한 것이다.

든 것을 따라 하며 실력을 키워갔다. 조르조네도 자신을 유독 따르는 어린 티치아노를 아꼈다. 티치아노의 실력은 나날이 성장해 어떨 때에는 조르조네도 깜짝 놀랐다.

이런 일화가 전해진다. 한 건물 전체의 장식을 맡아 일하던 조르조네가 한쪽 벽면을 티치아노에게 맡겼다. 티치아노는 늘 조르조네 스타일로 그렸다. 일이 마무리 되고 나서 많은 사람으로부터 찬사를 들으니 조르조네는 기분이 좋았다. 그런데 사람들이 자꾸 오해하는 게 있었다. 티치아노가 그린 그림을 보고 다들 자기가 그린 그림이라고 생각하는 것이었다. 기분 좋으라는 뜻도 있었겠지만 한두 사람도 아니고 그동안 그린 그림 중에서 이번에 그린 그림이 가장 훌륭하다고 입을 모으니 당황스러웠을 법도 하다. 모든 걸 가르쳐준 티치아노가 이젠 자신을 앞서가나 싶은 마음도 들었을 것이다. 그럼에도 조르조네는 진정한 대인배였다. 그 후에도 티치아노를 한결같이 아끼고 또 열심히 가르쳤다고 하니 말이다. 이들은 공동 작업도 많이 했는데 이 때문에 전문가라 해도 1510년 이전의 작품은 누구의 그림인지 구분하기가 매우 어렵다고 한다.

조르조네의 작품으로 가장 많이 알려진 것은 단연 〈전원의 연주회〉다. 이 그림은 한동안 티치아노의 그림이라고 알려졌는데, 최근에는 조르조네가 그린 것을 티치아노가 마무리한 것이 정설로 받아들여진다.

조르조네는 티치아노의 스승으로서만이 아니라 미술사적으로도 매우 중요한 인물이다. 당시 베네치아 화가들은 북유럽과 교류하면서 유화의 위력을 알게 되었다. 그리고 많은 노력 끝에 유화물감 제조법을 터득하여 본격적으로 유화를 그리고 있었다. 이탈리아 내에서는 최초의 일이었다. 또한 당시엔 대개 나무판 위에 그림을 그렸는데 더 나은 재료를 찾으려는 실험도 많이 했다. 캔버스도 실험 재료 중 하나였다. 하지만 캔버스는 싸구려 재료라는 인식이 강했고 실제로도 연습하는 정도였지 정식으로 작품을 그리는 것으로는 생각하지 않았고, 제대로 된 결과도 나오지 않았다. 그런데 이 캔버스 위에 유화를 그려 표현력에서 놀라운 해답을 찾은 이가 바로 조르조네였다. 그는 바탕색을 두껍게 바른 후 그 위에 다시 그림을 덧입혀 명암 대비 효과를 강하게 하여 캔버스-유화의 조합이 만들 수 있는 표현력을 극대화했다. 누가 보더라도 이론의 여지가 없을 만큼 그의 그림은 자연스럽고 차원도 달랐다. 그러자 주위의 화가들이 너나 할 것 없이 나무판을 버리고 캔버스 위에 그림을 그리기 시작했다. 스승인 조반니 벨리니 역시 제자의 화풍을 배우기 위해 많은 노력을 했다고 한다. 여러 화가 중에서 조르조네가 창시한 캔버스-유화 효과를 가장 잘 구현한 이가 바로 티치아노였다.

미술사에서 조르조네가 가지는 두 번째의 의미가 바로 이 그림에 담겨 있다. 아카데미아미술관 브로셔의 표지로 사용되는 그림이자 베네치아 미술의 대표작 중 하나라 할 이 그림의 제목은 〈폭풍〉이다. 이 그림은 과거에 그려진 그 어떤 그림과도 달랐다.

그림 앞쪽으로 목동으로 보이는 남자와 아기를 안고 젖을 먹이는 여자가 있다. 여자는 옷을 제대로 입지 않았다. 이들은 누구이고, 무슨 관계이며 무슨 사연이 펼쳐지고 있는 것일까. 상상력을 마구 자극하고선 해답을 짐작할 실마리는 명확히 보이지 않는다. 미술사가들 저마다의 해석만 모아도 30가지가 넘는다고 하니 해석하기 참 어려운 그림이다.

그림의 수수께끼와 관련하여 최근에 주목받는 해석은 주인공들이 천국에서 쫓겨난 아담과 이브라는 것이다. 모두가 처음엔 말도 안 되는 이야기라고 했는데 동의하는 이가 차츰 늘어났다. 아담과 이브는 천국에서 쫓겨나 무엇을 하며 살았을까? 아담은 생계를 위해 일의 멍에를 썼고 이브는 출산의 고통을 갖게 되었다. 그것의 상징적 표현이 담겼다는 것인데, 아기는 그들이 낳은 카인인 셈이다.

조르조네, 폭풍, 1505년, 83×73cm, 아카데미아미술관

이브의 발치에 있는 바위 아래로 뱀의 꼬리가 보이는데 이 가설에 힘을 실어주는 키포인트다.

해석이 어찌 되었든 이번엔 관점을 바꿔보자. 세상에 없던 그림이라는 건, 기존의 장르로 분류하기 어렵다는 것이다. 이 그림에는 등장인물과 배경이 그야말로 어중간하게 어울려있는데, 적어도 중세 이후 16세기의 조르조네에 이르기까지 풍경화라는 장르가 없었다는 것에 주목하자. 그림으로 들어가보면 시대적으로는 고대로 짐작되고 건물과 강, 나무들이 조화롭게 그려져 있다. 흐린 하늘은 번개와 함께 금방이라도 폭우를 퍼부을 것만 같다. 하지만 이 그림은 완전한 의미에서 풍경화가 아니다. 풍경화라 하기에 전면에 있는 인물들의 비중이 크기 때문이다. 그렇다고 해서 신화나 역사의 장면을 전면에 내세운 것도 아니다. 그렇다고 하기엔 인물들의 비중이 너무 작다. 한 가지 분명한 것은 이 그림에서 풍경이 그 자체로 의미를 갖는다는 것이다. 이는 대충 그려지던 배경으로서의 풍

아카데미아미술관 관람 순서의 마지막은 이 그림이다. 다른 그림들 사이에 숨어 있으니 잘 찾아보아야 한다. 한 노인이 잊을 수 없는 순간을 깊이 음미하고 있다.

경이 아니다. 인물들은 풍경 속에 자연스럽게 녹아들어 있다. 이 차이가 중요하다. 17세기에 접어들면 풍경화가 본격적으로 그려지기 시작하는데, 그 시작점으로 거슬러 올라오면 이 그림과 만난다. 조르조네의 〈폭풍〉이 바로 풍경화의 시작을 알리는 그림인 것이다.

모두가 조르조네의 시대를 예견했다. 이처럼 뛰어난 천재가 아니면 그 누가 베네치아 회화의 왕관을 쓸 수 있단 말인가. 그리고 곁에서 그를 열렬히 따르던 티치아노는 영원한 2인자로 남을 것만 같았다. 하지만 운명의 여신은 이들을 전혀 다른 곳으로 데려갔다. 조

조르조네, 자화상, 1510년, 52×43cm, 헤르조그 안톤 울리히 미술관
조르조네가 다비드의 이미지를 연출해본 그림으로 알려져 있다.

르조네는 음악을 즐기는 살롱에 자주 드나들었는데 거기서 한 아름다운 부인과 사랑에 빠졌다. 그 비밀스러운 사랑에 불행이 닥쳤다. 그 부인은 자신도 모르게 흑사병에 걸렸고, 그것을 알리 없었던 조르조네는 그녀와 사랑을 나누다가 그만 감염되고 말았다. 조르조네가 고통 속에서 숨을 거둔 때, 그의 나이 불과 서른두 살이었다.

날아오르는 성모

아카데미아미술관에서 조르조네를 만나본 우리는 수상 버스를 타고 되돌아가 산 토마에서 내렸다. 골목으로 조금 들어가니 베네치아의 유서 깊은 한 성당이 있다. 산타 마리아 글로리오사 데이 프라리 성당. 줄여서 프라리 성당이라 불리는 이 성당에는 젊은 시절의 티치아노를 일약 일인자로 만들어준 한 폭의 그림이 걸려 있다.

조르조네가 죽었을 때 티치아노는 불과 스물두 살이었다. 당시 베네치아의 공식화가는 80대에 접어든 대 스승 벨리니였지만 사람들의 기대는 젊은 티치아노에게 모아지고 있었다. 조르조네에게 배운 기법을 발전시키던 그는 교황의 초대를 받아 로마에 다녀오면서 나름의 명성을 얻었다. 그의 자신감도 커졌다. 당시 총독궁 대회의실 벽화가 낡아 새로운 그림으로 교체하자는 논의가 있었는데 그는 총독궁 담당자에게 묘한 제안을 했다. 전쟁화를 무보수로 그려줄 테니 차기 베네치아 공식화가의 자리를 달라고 한 것이다. 이는 좀 불경한 요구이기도 했다. 아무리 고령이라 해도 엄연히 대 스승이 그 자리에 있었기 때문이다. 논란과 뒷말이 많았지만 2년 후 벨리니가 사망하면서 그 문제는 자연스럽게 해결되었고 티치아노는 자신이 원하던 것을 얻었다.

그해 그에게 주어진 가장 큰일이 바로 산타 프라리 성당 제단화인 〈승천하는 성모〉였다. 2년에 걸쳐 제작되었고, 폭이 3미터가 넘고 높이는 7미터에 육박하는 엄청난 크기의 제단화의 제막식을 하던 날은 티치아노의 대관식날이 되었다. 넓은 성당 안을 가득 메운 베네치아 시민들 앞에서 그림을 가리고 있던 휘장이 걷히자 사람들의 입에선 일제히 한숨과 같은 찬탄이 터져 나왔다. 대스승 벨리니로부터 이어진 전통이자 티치아노의 장기인 색채가 빛을 발했다. 그것도 매우 선명하고 화려한 색의 향연이었다. 이어 사람들은 그림 속 인물들이 하나같이 생생하게 살아 있는 것을 보고 놀라움을 감추지 못했다. 땅에선 많은 제자가 기적의 순간에 동참하며 배웅할 때 천사들에 둘러싸인 성모는 하늘로 날아오르며 위에서 맞이하는 성부를 바라보고 있었다. 천국은 눈부신 황금색을 쏟아내고 있었는데 양옆 창문으로 들어오는 빛과 어울려 강렬함을 더하고 있었다. 인체 비율과 똑같이 그려진 등장인물들의 생동감이 압도하고, 화면 전체를 아울러 한치의 틈도 없이 장엄하게 구성했는데 완벽했다. 이제 모두가 티치아노의 시대가 되었음을 느꼈다.

티치아노는 이제 이탈리아 전역에서 초청받는 화가가 되었다. 그가 로마에 갔을 때의 일이다. 티치아노의 명성을 익히 알고 있던 조르조 바사리는 자신의 스승 미켈란젤로를 모시고 티치아노의 작업실을 찾아갔다. 미켈란젤로는 티치아노보다 열세 살 위였고 당시에 이미 살아 있는 전설이었다. 위대한 대선배의 갑작스러운 방문에 티치아노는 매우 황망했을 것이다. 그러면서도 내심 어떤 칭찬을 들을지 기대했을 것이다. 그런데 그림을 구경한 미켈란젤로가 고개만 끄덕이고 예의상 몇 마디 하고는 그냥 나가버리는 게 아닌가. 티치아노는 조금 서운했을 것이다. 티치아노의 작업실을 나와 궁금증을 참지 못한 바사리는 스승에게 물었다.

"티치아노의 그림… 어떠셨습니까?"

"음, 색채 구사가 뛰어나고 구도가 좋더군. 그런데 말이야. 요즘 화가들은 너무 쉽게 그리려고 해. 데생을 소홀히 한단 말이야. 티치

티치아노, 승천하는 성모, 1520년, 685.8×360.7cm, 산타 마리아 글로리오사 데이 프라리 성당.
상하 3단으로 칸이 나뉘어 자칫하면 어정쩡한 구성이 될 수 있었던 이 그림은 한 사도가 뻗은 팔과 한 천사가 내린 다리가 절묘하게 어우러지며 전체적으로 놀라울 만큼 자연스럽다. 티치아노는 이처럼 구성의 대가이기도 했다.

아노가 기본기에 좀 더 충실하다면 더 뛰어난 그림을 그릴 수 있을 텐데…. 그게 아쉽군."

데생이 약하다. 한마디로 이런 뜻이었다. 미켈란젤로의 말은 결국 같은 르네상스 미술이지만 피렌체와 베네치아의 미술이 어느 쪽을 중요시하고 또한 어느 쪽에 강점이 있는지를 단적으로 말해준다. 피렌체 르네상스의 후계자이며 마니에르스모 화풍을 대표하는 바사리는 훗날 베네치아의 그림을 이렇게 폄하한 적이 있다.

"베네치아 화가들은 색채의 화려함으로 데생의 미숙함을 가린다."

그의 이러한 단언은 르네상스의 주류가 미켈란젤로를 모시는 자신들이라는 자부심을 담고 있다. 하지만 과연 그럴까? 베네치아 화풍에 대한 바사리의 평가는 옳았을까?

그럼 '데생을 갖춘 그림'이 무엇인지 확인해보기 위해 우피치미술관에 소장된 미켈란젤로의 〈성가족〉를 보자. 전면의 성모를 보면 몸을 뒤틀고 있음에도 그 묘사가 너무나 자연스럽다. 이는 미켈란젤로의 그림이 완벽한 데생을 기반하고 있음을 말해준다. 뼈와 인대가 도드라지는 성모의 팔을 보자. 여성의 팔이라고는 믿기 어려울 정도로 군살 하나 없는 순수 근육질이다. 이상적인 아름다움을 추구하는 이런 경향은 뒤에 있는 한 무리의 천사들에게서도 고스란히 드러난다. 이들은 마치 조각과 같다. 조각? 그렇다. 미켈란젤로는 예술의 도구로서 조각이 회화보다 우위에 있다고 보았다. 그리고 그림이 완벽해질수록 조각에 가깝다고 생각했다. 그의 그림이 마치 채색된 조각을 보는 듯한 느낌을 주는 건 그런 이유이다.

하지만 우리는 티치아노의 그림이 더 그림 같다고 느낀다. 조각 같은 것이 아니라 실물처럼 더 풍성하고 생동감이 넘친다. 이는 고대 조각의 이상적 아름다움을 추구한 미켈란젤로나 바사리를 따르지 않고 자신만의 길을 갔기 때문에 성취한 것이다. 티치아노는 실

미켈란젤로, 성가족, 1503~1504년, 지름 120cm, 우피치미술관

제의 피가 도는 살과 피부를 그려냈다. 그리고 더 나아가 다 빈치의 업적을 계승해 회화가 구현할 수 있는 한계를 넓혔다. 그건 캔버스 위에서 유화가 구현할 수 있는 표현력을 극대화했기에 가능한 일이었다.

그러면 이제 다음 이야기로 넘어가 티치아노의 전성시대를 살펴보기로 하자. 바사리의 낮은 평가가 일종의 견제 심리가 아니었을까 짐작될 정도로 티치아노가 누린 영광은 상상을 초월할 만큼 대단했다. 그의 마술 같은 그림의 비결도 함께 찾아보기로 하자.

회화의 군주

16세기 유럽에서 최고의 예술가 자리는 미켈란젤로의 것이다. 그는 조각과 회화, 건축에서 르네상스의 완성자로 불린다. 하지만 그림으로만 좁혀서 당시 최고의 화가가 누구냐고 묻는다면 그 자리는 티치아노의 것이다. 이는 당대 최고의 권력자들이 누구의 그림을 가장 갖고 싶어 했느냐로 가늠해볼 수 있다. 티치아노 시대 직전에 화가의 가장 높은 자리는 라파엘로의 것이었다. 하지만 1520년에 사망한 만큼 라파엘로가 활동한 시기는 16세기 전체를 두고 보면 너무나 짧다. 그 시기를 전후로 하여 티치아노의 전성기가 시작되었다는 것도 의미심장하다. 역사에 가정법처럼 무상한 것도 없지만 라파엘로가 오래 살았다면 어땠을까…. 다섯 살 터울의 예술가 두 명이 펼쳤을 치열한 경쟁이 무산됐다는 건 너무나 아쉽다.

티치아노의 인기가 어느 정도였느냐 하면, 당시 그로부터 초상화 한 점을 얻기 위해 보통 2년 이상 기다렸다고 한다. 말 한마디면 모든 것을 얻을 수 있었던 권력자들로서는 참으로 답답한 노릇이었을 것이다. 그러니 티치아노가 자기 궁정에 오면 쉽게 보내줄 리 없었다. 계속 그림을 그려달라고 하니 뒤에서 기다리는 이들의 마음은 어땠을까. 그중 나름 높은 순위에 있었지만 페라라 궁정에 밀려 티치아노가 자유로워지기만을 기다리던 영주가 있었다. 바로 만토바의 페데리코 곤차가 2세였다. 그는 기다림을 견디다 못해 직접 장문의 편지를 써서 티치아노에게 보냈다. 그중 한 구절이다.

티치아노, 페데리코 곤차가 초상, 1529년경, 99×125cm, 프라도미술관

"티치아노, 내 소중한 친구, 내 방을 둘러보면 부족한 것이 하나도 없는데 오직 그대의 그림만이 없을 뿐이오."

그는 이 절절한 구애의 편지로 티치아노의 마음을 돌려 만토바로 데려오는 데 성공한다. 얼마 후 자신의 초상화를 갖게 된 페데리코는 일생의 소원을 이룬 것처럼 기뻐했다고 한다. 그의 일가 모두 티치아노의 초상화를 하나씩 얻었는데 그 수가 무려 서른 점이 넘는다. 그는 티치아노에게 후한 보수를 주었다고 한다.

당시 이탈리아에서 잘나가는 군주들과 바티칸의 지도자, 부유한 귀족들은 티치아노에게 직접 압력을 행사하기 어려우니 베네치아에 파견된 부하들을 못살게 굴었다고 한다. 이들은 자신의 주군이 앞의 순번을 받도록 하기 위해 갖은 로비를 하며 애썼는데, 동시에 티치아노의 일거수 일투족을 상세히 적어서 주군에게 보내는 것이 중요한 일이었다. 그런데 이들 권력자들에게 새로운 걱정거리가 생겨났다. 그건 티치아노가 아직 젊긴 하지만 라파엘로처럼 갑자기 죽을지도 모른다는 것이었다. 베네치아로부터 받은 보고서에 따르면 티치아노는 여자들을 꽤나 좋아했다. 고급 창녀들과 어울리고 또 자기 그림의 모델들과도 관계를 갖는 등 다른 여자와 연애한다는 보고가 연일 올라왔다.

"티치아노는 병든 것이 아닙니다. 다만 허약해졌을 뿐입니다. 하지만 온갖 자세를 하고 있는 젊은 여인들을 앞에 두고 매일 그림을 그려야 한다면 그렇잖아도 허약해진 그가 얼마나 버틸 수 있을지 염려됩니다."

자신들이 아끼던 라파엘로가 어떻게 죽었는지 생생하게 기억하는 이들은 티치아노마저 잃을 수 없다며 전전긍긍했다. 티치아노는 초상화는 물론 종교화, 고대 신화를 그린 그림, 여인의 누드화 등 장르와 상관 없이 모든 그림에 뛰어났다. 특히 권력자들의 주문은 초상화뿐만 아니라 관능적인 여인이 등장하는 그림으로도 집중되었는데 그러다 보니 여자를 워낙 좋아하는 티치아노의 사생활도 부득이하게 복잡해졌다. 몇몇 권력자들은 티치아노에게 직접 편지를 보내 자신들의 우려를 전달했다. 하지만 이런 걱정은 모두 기우가 되었다. 티치아노는 그 뒤로도 자기 마음대로 살았지만 그 누구보다도 장수했다.

티치아노가 카를로스 5세를 만난 건 페데리코의 소개를 통해서였다. 카를로스 5세는 당시 유럽 최고의 권력자였다. 스페인의 왕이자 신성로마제국의 황제였고, 나폴리왕국의 지배자인 그는 1527년 로마에서 교황을 무릎 꿇린 후 온 유럽을 자신의 영향력 아래 두었다. 얼마 후인 1529년 유럽 전역에 절정의 권력을 과시하던 황제는 유럽 최고의 화가와 만났다. 황제가 티치아노의 초상화를 받

티치아노, 카를로스 5세 기마초상, 1548년, 323×279cm, 프라도미술관

은 건 그 뒤 4년 후다. 이 그림이 황제의 마음을 사로잡은 건 확실했다. 황제가 그에게 엄청난 보수를 줌과 동시에 그를 백작으로 임명하고 그 지위가 4대에 걸쳐 이어지도록 해주었기 때문이다. 황제는 계속 티치아노를 찾았고 그 인연은 오래도록 이어졌다. 황제가 자신보다 열두 살 위의 티치아노를 얼마나 아끼고 존중했는지는 다음의 일화에서 짐작할 수 있다.

나이 든 티치아노가 황제의 초상화를 그리다가 손에 힘이 빠져 그만 붓을 떨어뜨리고 말았다. 그런데 그 순간 주위에 있던 시종들이 경악할 일이 벌어졌다. 그림의 모델로 자리를 지키던 황제가 어느새 달려와 붓을 집어 든 것이다. 티치아노도 너무나 황송하여 어쩔 줄 모르고 있는 가운데 시종들이 앞을 다퉈 달려왔다.

"폐하, 폐하께서 어찌 직접 이런 일을…."

자신이 민망한 상황에 처한 것을 깨달은 황제는 짐짓 근엄한 표정을 지으며 시종들을 물리며 이렇게 말했다.

"이봐, 티치아노가 아닌가. 티치아노라면 짐의 이런 수고를 받을 만한 자격이 있지 않겠나?"

이 일화가 사실인지는 알 수 없다. 하지만 이런 이야기가 있었다 해도 전혀 이상하지 않을 만큼 카를로스 황제와 티치아노의 관계는 매우 돈독했다.

티치아노의 초상화가 가진 매력은 무엇이었을까? 그건 척 봐도 알 수 있다. 티치아노의 그림 속 인물들은 마치 실물을 보고 있는 듯이 사실적이면서도 자연스럽다. 하지만 이것만으로는 티치아노의 초상화가 지닌 마력을 설명할 수 없다. 그의 고객들의 반응을 살펴보면 그 답은 이렇다. 그냥 자신의 모습이 너무나 마음에 든다는 것이다. 그것이 꾸며진 듯한 느낌이 아니라 누가 보더라도 똑같이 그려졌는데도 자신의 모습이 멋지게 보인다는 게 핵심이다. 우리가 사진을 찍다 보면 매우 만족스러운 자기 모습을 만날 때가 있다.

자부심도 느껴지고 기분도 좋아진다. 그런 느낌과 같다고 생각할 수 있다. 그런데 티치아노는 이런 능력을 별다른 노력을 하지 않고 얻었을까? 인상이란 정말 미묘한 것이어서 잔주름 하나를 어떻게 표현하느냐에 따라 인상이 완전히 뒤바뀌기도 한다. 물감의 두께와 명암의 작은 차이로도 성패가 갈렸을 것이다. 그렇다면 이런 짐작을 해볼 수 있다. 젊은 시절부터 티치아노는 한 폭의 그림을 완성할 때마다 무수히 많은 시도를 통해 정답을 찾아갔을 것이라고. 또 완성한 작품 수가 늘어나고 그의 경험이 쌓여갈수록 시행착오

티치아노, 자화상(부분), 1567년, 86×65㎝, 프라도미술관

없이 자신이 원하는 정답을 포착할 수 있었을 것이라고. 즉 그는 무한 수정이 가능한 유화-캔버스의 가능성을 제대로 꿰뚫어보았고 그 방향으로 스승 조르조네가 물려준 기법을 더욱 정교하게 발전시켰다. 다른 화가들이 겉모습을 정밀하게 묘사하는 데 치중하는 동안 그는 '느낌'의 중요성을 인식하고 개인의 '긍정적 자아 이미지'를 포착하고 이를 구현했다. 이는 회화의 한계가 넓어지는 창조의 순간이었다. 그의 그림은 시대를 앞선 것이었고 그의 그림을 받아든 고객들은 열광했다. 그는 이른바 '잘된 그림'의 기준을 저 높은 곳으로 끌어올림으로써 16세기를 자신의 세기로 만들었다.

티치아노의 후계자들

햇볕이 강하면 그림자도 짙다. 티치아노는 무려 60년 동안이나 베네치아 회화를 지배했기 때문에 그 시절 베네치아 화가들은 생존을 위해 많은 고민을 해야 했다. 그 틈바구니에서 2인자로 올라선 화가는 베로네세였다. 베로나 출신인 그는 티치아노처럼 고급스러운 화풍으로 베네치아 귀족 사회를 유쾌하게 그려내 인기를 끌었다. 티치아노가 유럽 각지를 다니는 일이 잦았기 때문에 귀족들의 주문은 베로네세에게 몰렸다. 깊이 있는 화풍으로 동물이 들어간 그림에 특히 강점을 보였던 바사노도 고정 고객을 갖고 있었다. 그런데 이 세 명을 제외하고 다른 화가들은 꽤 돈 되는 큰 일거리를 맡는 것이 바늘구멍을 통과하는 것처럼 어려웠다.

그러던 1564년. 어려움을 겪던 화가들에게 귀가 번쩍 뜨이는 소식이 전해졌다. 스쿠올라 그란데 디 산 로코. 당시 베네치아에 있던 수많은 자선단체 중에서 가장 규모가 큰 단체의 하나였던 산 로코 협회에서 새로 회관을 짓게 되었는데 그곳을 모두 장식할 단 한 명의 화가를 선정하는 공모전을 연 것이다. 젊은 시절 티치아노에게서 그림을 배웠지만 급진적인 화풍으로 귀족들의 관심을 받지 못했던 틴토레토는 이것이 자신의 일생에서 가장 중요한 기회가 될 것임을 직감했다. 이미 2년 전에 유사한 프로젝트를 일부 수주해 짭짤한 수입을 올린 적이 있는 그였다. 어차피 귀족들과 담을 쌓고 살던 터라 이처럼 시민 단체가 주는 일이 그에겐 가장 큰 일거리가

틴토레토, 그리스도의 십자가 처형, 1565년, 536×1224cm, 스쿠올라 그란데 디 산 로코,
이 작품은 산 로코 협회 신축 건물 전체의 대표작이기도 하다.

될 수밖에 없었다. 그는 엄청난 속도로 그림을 그렸다고 한다. 티치아노와 베로네세가 비싼 그림을 싹쓸이하듯 수주했기 때문에 싼 그림들만 그릴 수밖에 없었는데, 그러다 보니 그림들을 가능하면 빨리 그려야 했다. 그래서 그가 그림을 전해주면 늘 작은 실랑이가 벌어졌다고 한다.

"이거 다 그린 거 맞나요? 여기 배경은 거의 스케치잖아요!"

고객들의 항의에 틴토레토는 눈도 꿈쩍하지 않았다.

"다 된 것 맞습니다. 저는 주제 표현에만 집중합니다."

사실 그랬다. 성의 없어 보이는 배경과는 판이하게 중심부 주인공들은 늘 생동감 있고 극적으로 묘사되어 있었다. 그러다 보니 고객은 투덜거리며 돌아설 수밖에 없었다고 한다.

틴토레토는 산 로코 협회의 일을 맡는 데 자신의 장기를 십분 활용하기로 마음먹었다. 협회 건물 한 벽면이 지정되고 그 자리에 걸릴 그림의 주제가 정해졌다. 참가자들은 완성작을 제출하는 것이 아니라 데생만 해서 제출하면 됐다. 이를 고려해 시간도 매우 촉박하게 주어졌다. 모두 최선을 다해 데생을 했고 심사가 있는 날 작품을 들고 협회 신축 건물로 갔다. 그런데 참가자들뿐만 아니라 심사위원들까지도 모르는 엉뚱한 일이 벌어졌다. 지정된 벽면에 이미 완성된 그림 하나가 떡 하니 걸려 있었던 것이다. 화가들이 이게 어떻게 된 일이냐며 따지자 심사위원들도 영문을 몰라 우왕좌왕하고 있는데, 누군가 이런 짓을 벌인 사람이 바로 틴토레토라고 알려주었다. 곧 바로 틴토레토가 불려왔다.

"틴토레토, 도대체 누가 당신 마음대로 저 자리에 그림을 걸라고 했습니까? 다른 참가자들이 항의하고 있으니 바로 내리세요."

모두가 웅성거리면서 틴토레토의 말을 기다렸다. 그 와중에도 뒤에서 사람들이 숙덕인 건 과연 이 그림을 그 짧은 시간에 그렸느냐는 것이다. 데생을 마무리하기에도 벅찬 시간에 대작을 채색까지 해서 가져왔으니 당연히 놀라지 않을 수 없었던 것이다. 앞으로

틴토레토, 수태고지 (부분), 1583~1586, 스쿠올라 그란데 디 산 로코

나선 틴토레토는 회심의 한마디를 꺼냈다.

"이 그림은 기증된 것으로 생각해 주십시오. 지금 여러분 앞에서 공식적으로 말씀드립니다. 공모전을 위해 그렸지만 전 이 그림을 여기에 기증하겠습니다."

물을 끼얹듯 정적이 감돌다가 다시 와글와글 시끄러워졌다. 심사위원들은 틴토레토의 기습 공격에 당황했고 다른 화가들의 표정은 심각하게 일그러졌다. 이는 당시 베네치아 시민사회에서 꼭 지켜야 했던 불문율 때문이었다. 베네치아에서는 누군가가 공공의 목적으로 기증했을 때 이를 절대 거절할 수 없다는 엄격한 규칙이 있었다. 기부와 나눔을 활성화하기 위한 것이었는데 이 규칙에 따르면 틴토레토의 그림은 지금 놓여진 그 자리에 있어야만 하는 것이다. 그렇다면 단 한 명의 화가에게 맡겨 회관 전체를 통일성 있게 꾸미려던 협회로서도 갑작스러운 결정을 해야 했다. 여러 화가에게 기회를 줄 것인가, 아니면 이런 무식한 방법으로 일을 맡으려는 틴토레토에게 굴복해야 하는가. 많은 논의가 있었는데 결국 틴토레토에게 일을 주는 것으로 결론이 났다. 여러 화가가 그리면 아무래도 통일성이 떨어지는 것이 문제였고, 틴토레토가 얄밉긴 했지만 짧은 기간에 그렸음에도 그의 그림이 기대 이상으로 매우 좋았기 때문이다.

틴토레토가 이 일을 마무리 한 것은 그 뒤로 무려 20여 년이 지나서였다. 오랜 기간이 필요했던 만큼 그의 그림도 조금씩 변해

틴토레토, 최후의 만찬, 1594년, 363×568cm, 산 조르조 마조레 성당.
이 그림도 전통적인 양식을 거부한다. 식탁은 비스듬하게 놓였고 후광을 제외하면 누가 예수인지 알아보기도 어렵다. 틴토레토가 말년에 그린 이 그림은 불안과 신비로움을 버무려 극적인 긴장감을 최고조로 끌어올린 걸작이다.

갔다. 틴토레토는 젊은 날 티치아노에게 색채 구사를 배웠고 이후 20대 후반에는 로마로 가서 미켈란젤로에게 큰 감화를 받았다. 그리하여 그는 그 뒤로 데생을 연마하여 기본기를 탄탄하게 닦았다. 그 결과 틴토레토는 베네치아와 피렌체 양 진영의 르네상스를 자신의 그림에 담아낼 수 있었다.

하지만 그는 여기에 안주하지 않고 늘 새로움을 추구했다. 안정되고 균형 잡힌 구도 보다는 비틀어보고 한쪽으로 쏠리게 하는 식으로 구도에 변화를 주어 그림에 강한 긴장감을 불어넣으려 했다. 산 로코 협회의 실내장식을 맡아 그림을 그리는 동안에도 후반부로 갈수록 강한 어둠 속에서 인공적인 빛이 만들어내는 스산한 효과를 적극 도입하고 극적인 움직임을 포착하는 데 많은 공을 들였다. 그는 관객이 자신의 그림을 편안히 보길 원치 않았다. 오히려 긴장 속에서 그림 속에 담긴 메시지를 진지하게 발견하고 영적 체험에 다가갈 수 있기를 바랐다. 스페인 회화의 거장 엘 그레코가 틴토레토에게 받은 영감이 바로 이것이다.

이제 그림은 르네상스의 엄정한 규칙에서 벗어나고 싶어 하는 것일까? 티치아노에게 그림을 배우고 이후 미켈란젤로를 열렬히 받아들여 자기 그림의 뼈대를 세운 틴토레토는 자기만의 모험을 떠났다. 그의 그림은 늘 호불호가 극명하게 나뉘었다. 자신의 그림을 알아주는 사람들이 많지 않았지만 틴토레토는 자신의 그림이 미술사에 길이 남으리라는 것을 조금도 의심하지 않았다. 그리고 그 믿음은 사실이 되었다. 이제 많은 이가 르네상스의 토양에서 바로크의 싹을 틔워낸 선구자로 틴토레토와 그의 제자격인 엘 그레코를 말하기 때문이다. 그의 그림은 르네상스의 마지막 순간을 담았다.

베네치아에서 자란 그는 르네상스의 정수를 모두 모은 자리에 있지만 미술사적으로는 르네상스가 아닌 마니에리스모 계열의 화가로 분류되기도 한다. 하지만 그의 그림은 피렌체를 중심으로 하는 마니에리스모의 주류 그림과는 다르다. 마니에리스모는 화려하게 불타올라 스스로 막을 내렸지만 그의 고민과 시도는 이후 세대에 고스란히 전해져 회화의 새로운 황금기를 일구는 밑바탕이 되었기 때문이다.

티치아노의 기적

티치아노, 성스러운 사랑과 세속적인 사랑, 1514년,, 보르게세미술관

우리는 티치아노의 스승인 조르조네부터 그의 제자였던 틴토레토에 이르기까시 베네치아 화단이 만들어낸 또 하나의 기적을 살펴보았다. 그 중심에는 20대 이후 평생을 최고의 자리에 있던 티치아노가 있었다. 그는 오랜 세월 유럽의 군주들과 귀족들에게 가장 인기 있는 화가였지만 그의 그림에 대한 논란 역시 평생 함께했고 현재까지도 진행 중이다.

그의 그림을 낮게 보는 태도는 그의 생전에도 있었다. 그중에서도 르네상스의 본고장 피렌체 예술가들의 비판이 대표적이었다. 핵심은 데생이 약하다는 것으로 모아졌다. 데생이 약하니 인체의 묘사가 조각처럼 이상적으로 이뤄지지 않았다는 것인데, 그중에는 이런 결과가 나오는 이유가 티치아노의 인문 소양과 회화에 대한 이론적 토대가 부족하기 때문이라고 말하는 이도 있었다.

그런가 하면 티치아노의 붓질에 대한 불만도 항상 있었다. 카를로스 5세와 티치아노가 주고 받은 편지가 지금도 전해진다.

언젠가 황제가 다른 화가들의 붓질은 부드럽고 매끈한데 왜 티치아노의 붓질은 왜 거친 것이냐며 사신을 통해 물었다. 사실 티치아노가 활약하던 시기에 강력한 경쟁자들은 피렌체를 중심으로 하는 마니에리스모 화가들이었다. 특히 피렌체 궁정에서 엄숙하고 위엄 있는 초상화로 인기를 누렸던 브론치노의 그림은 매끄러운 화면에 붓질이 전혀 보이지 않을 정도였다고 한다. 이런 황제의 지적에 대해 티치아노는 다음과 같이 답신을 보냈다.

"저는 미켈란젤로나 우르비노의 남자(라파엘로), 코레조와 파르미자니노 같은 매끈하고 완벽한 기교에 이를 수 있다고 생각되지 않습니다. 하지만 신이 저에게 주신 재능은 그들과 견주어 뒤지지 않기 때문에 저는 다른 길을 가려 합니다. 저들이 각자 이룬 업적이 다르듯, 저도 저만의 길에서 새로움을 창조해 최고가 되고자 합니다."

다소 겸손한 표현의 이면에 티치아노만의 자부심이 엿보인다. 그렇다면 그가 말한 자기만의 길은 무엇이고 그가 창조하고자 한 새로움은 무엇이었을까?

그건 앞서 살펴본 바와 같이 캔버스-유화 그림의 완성이었다. 유화의 장점이라는 것이 무엇인가? 그건 수정이 가능하다는 것이다. 마음에 들 때까지 얼마든지 고쳐 그릴 수 있고 마음에 들지 않으면 칼로 밀어버리고 다시 그려도 되었다. 이 점을 이해하면 과연 티치아노가 자신의 데생 능력에 부족함을 느꼈을지 의문이 든다.

피렌체 예술가들은 뼈를 깎는 노력으로 인체의 다양한 포즈를 쉽게 그릴 수 있었다. 그리고 그림이란 완벽한 데생이 있고 나서 그 위에 색을 입히는 것으로 이해했다. 회반죽이 굳기 전에 재빨리 그

브론치노, 루도비코 카포니 초상, 1551년, 117×86cm, 뉴욕 프릭 컬랙션

려야 하는 프레스코화나 계란 노른자를 섞어서 그렸던 템페라화가 일반적이던 시절에는 이렇게 하는 것이 진리였다. 이 그림은 수정이 매우 어려웠는데, 데생을 얼마나 완벽하게, 그것도 가능하면 얼마나 빨리 하느냐가 그림의 성패를 좌우했다.

하지만 티치아노는 그럴 필요가 없었다. 그림을 그려가면서 조금이라도 어색한 부분이 있다면 자기 마음에 들 때까지 끊임없이 수

정하면 되었던 것이다.

아무리 완벽한 데생이라 하더라도 그림을 그리는 과정에서 조금은 아쉬운 점이 남기 마련이다. 수정이 가능한데 데생에 집착할 이유가 없는 것이다. 티치아노에게 있어 데생은 절대적 기준이 아니라 늘 수정 가능한 초안 정도의 의미였다.

유화가 캔버스와 만나게 된 것은 또 다른 문제다. 티치아노는 스승 조르조네의 업적을 계승하여 캔버스-유화의 가능성에 올바른 방향을 제시했다. 그건 우선 생생함과 자연스러움이었다. 티치아노를 비롯해 베네치아의 화가들은 매끈하고 완벽하게 그리려는 노력이 생동감을 빼앗아간다는 점에 주목했다. 예를 들어 피렌체의 브론치노 그림은 매끄러움으로 명성이 높았지만 자꾸 보면 왠지 뻣뻣하고 어색하게 느껴졌다. 심하게 말하면 그림 속 인물이 살아 있는 사람처럼 보이지 않았다. 그러므로 베네치아 화가들은 다소 거친 느낌을 의도적으로 받아들였다. 그쪽이 훨씬 실제적으로 보였기 때문이다. 티치아노의 친구이자 영원한 홍보대사였던 피에트로 아레티노가 남긴 말이 있다.

"티치아노는 세상 모든 사람에게 사랑을 받습니다. 그의 붓이 초상화에 생명의 숨결을 불어넣어주기 때문입니다. 하지만 티치아노는 자연에게 미움을 받습니다. 그의 붓이 불러낸 혼들이 살아 있는 생명체들을 부끄럽게 만들기 때문입니다."

자연스럽다는 말로는 부족한, 자연을 똑같이 묘사하는 단계를 뛰어넘어 그 속에 깃든 영혼까지 그려낸 그림. 아레티노는 이런 정의로 티치아노를 극찬했다. 이는 티치아노가 다 빈치에게 큰 빚을 지고 있다는 걸 말해준다.

16세기 베네치아는 화려했다. 아름다운 이 도시는 이탈리아 르네상스의 피날레를 자신들의 것으로 가져왔다. 우리는 베네치아의 르네상스를 되돌아보면서 이 시기의 예술가들에게 두 가지 큰 원

티치아노, 예수 부활 제단화(부분) 성 세바스티아노,
1520년, 170×65㎝, 산티 나사로 에 첼소 성당

동력이 있다는 것을 알게 되었다.

하나는 이들이 누렸던 행운이다. 베네치아는 여러 면에서 좋은 환경을 제공했다. 그중에서도 교통과 물류의 중심지로서 개방적인 도시였다는 건 결정적인 요인이다. 활짝 열린 문으로 유럽 전역에서 이룬 예술적 성취들이 베네치아로 밀려들어 왔다. 동로마 지역의 비잔틴 예술이 자리잡고 있던 이곳에 피렌체에서 시작된 르네상스와 북유럽의 유화가 뿌리내리기 시작했고, 16세기 초에는 도피 중에 잠시 베네치아에 들른 다 빈치나 이탈리아 미술을 배우기 위해 일부러 두 번이나 베네치아를 찾은 독일의 알브레히트 뒤러 같은 거장들과 직접 만나 배우고 교류하는 기회도 가질 수 있었다. 그뿐만이 아니라 색채의 대가로 불릴 수 있었던 것도 베네치아이기 때문에 가능했다. 다른 지역 화가들은 꿈도 꾸지 못하는 비싼 물감을 이들은 비교적 저렴한 값에 사서 마음껏 칠할 수 있었다. 이는 베네치아라는 이른바 '열린 사회'가 가지는 잠재력에 대해 생각하게 한다.

티치아노, 피에타, 1576년경, 352×349cm, 아카데미아미술관
이 작품은 티치아노의 마지막 작품으로 알려져 있다. 눈도 잘 보이지 않고 붓을 들 힘도 없는 늙은 화가는 자신의 손가락에 물감을 묻혀 그림을 그렸다. 젊은 시절의 선명함과 산뜻함은 없지만 보는 이들을 숙연하게 하는 깊이가 느껴진다.

우리는 베네치아가 새로운 문물을 단순히 '수용'하는 것에 머물지 않고 거기서 새롭게 창조해냈기 때문에 르네상스의 피날레를 장식했다는 것을 살펴본 바 있다. 이것이 바로 베네치아를 위대한 미술의 도시로 만든 두 번째 원동력이다. 그 대표자로 먼저 조르조네를 꼽을 수 있다. 그는 북유럽의 유화를 적극 도입하되 그 가능성이 캔버스에서 극대화된다는 것을 찾아냈다. 남들은 거들떠보지도 않던 캔버스를 붙들고 치열하게 고민한 그는 마침내 세상에 없던 그림으로 단박에 최고의 자리에 올랐다.

이를 계승해 새로운 창조에 나선 이가 티치아노였다. 그는 좋은 스승을 만나는 일생일대의 행운을 거머쥐었지만 스승의 기법에 안주하지 않고 자기만의 새로운 그림을 만들어냈다. 까다로운 권력자들의 '지 맘대로 요구'에 대응하느라 모든 분야의 그림을 그려야 했던 티치아노. 그는 종교화에서 초상화로 초상화에서 우의화로, 우의화에서 누드화로 자신의 레퍼토리를 다양화할 수밖에 없었다. 이 그림들이 모두를 만족시킬 수 있었던 데에는 그의 부단한 노력이 있었음을 간과할 수 없다. 우리는 그 미묘한 '느낌'을 찾기 위해 몇 십 번이고 캔버스 위의 물감을 칼로 밀어낸 티치아노를 잘 알고 있다. 그 무수한 시행착오가 쌓이고 쌓여 캔버스-유화 기법이 완성될 수 있었던 것이다. 그가 없었다면 그의 사후 바로크 미술이 싹틀 수 있었을까? 그 화려했던 미술의 시대도 티치아노에게 빚진 것이 너무나 많다는 걸 알게 된다. 그뿐인가. 21세기를 살아가는 지금도 그림은 무엇으로 그리는가. 대부분 캔버스에 유화물감으로 그린다. 그 시절로부터 벌써 500년의 세월이 흘렀지만 그림은 그가 했던 치열한 고민에서 그리 몇 발짝 나아가지 못했다.

티치아노의 뒤를 이어 베네치아 르네상스의 마지막을 지킨 이가 틴토레토였다. 그는 빠른 붓질로 많은 그림을 남긴 화가다. 게다가 그의 그림은 하나같이 대작이다. 누군가가 틴토레토가 남긴 그림들의 크기를 더해서 그 면적을 산출해보니 거대한 축구장 넓이보다 넓었다고 한다. 그는 젊은 시절 살아남기 위해 싼값에 많은 그림을 그려야 했지만 그의 그림의 가치는 결코 싸지 않다. 그는 스승이던 티치아노의 그림이 '성서'나 '헌법'과도 같은 시대를 살았지만 그것에 만족하지 않았고, 자기만의 새로운 그림을 만들어냈다. 어떤 이들은 그의 그림 앞에만 서면 모골이 송연해진다고 한다. 어둠과 빛의 강렬한 대비 속에서 극적인 긴장감을 극대화시킨 그의 새로운 그림은 이후 많은 화가에게 큰 감명과 영감을 주어 새로운 미술의 세기를 열어갈 수 있게 했다.

피렌체 르네상스와 베네치아 르네상스…. 어느 쪽이 더 위대할까? 베네치아 르네상스 이야기를 마치면서 이 부분을 짚고 싶었다. 피렌체의 르네상스를 높이 평가하는 이들은 그림을 그리는 기술적 측면 외에도 외적 요소도 중요하다고 말한다. 특히 그림의 지적 바탕이라 할 수 있는 인문주의 운동의 열기와 성과, 회화와 예술의 이론 등등의 측면에서 사실 당시의 피렌체를 따를 도시는 없다. 어떤 분야든 '원조'는 대우받아야 하는 법이기도 하니 말이다. 하지만 그림이 어느 정도까지 표현해낼 수 있는지를 탐사한 측면에서 그 최고의 자리는 베네치아의 차지가 될 것이다. 조르조네와 티치아노를 중심으로 한 베네치아의 그림은 자연스럽고 표현력이 뛰어났다. 그런 의미에서 피렌체의 르네상스와 베네치아의 르네상스에 서열을 두는 것은 의미가 없다고 생각한다. 서로 걸어간 길이 다르기 때문이다. 르네상스의 여러 측면 중에서 어떤 면을 중시하느냐에 따라 각자 생각은 다를 수 있다. 알아서 판단하면 될 일이다.

티치아노식 사진 찍기

아침, 산 마르코 광장의 풍광이다. 물에 비친 하늘색이 진짜 하늘색보다 파랬다. 시뮬라크르, 진짜보다 더 진짜 같은 가짜의 몸부림이랄까. 뭔가를 담아놓은 듯한 깊은 느낌이 시선을 끌었다. 중앙을 가로지르는 여인의 검정색 의상이 실루엣처럼 보였다. 물에 비친 가상의 파란색과 실루엣처럼 포장된 검정색이 더욱 신비로운 분위기를 자아냈다. 이때 문득 화가 티치아노가 떠올랐다. 그의 그림 〈페사로 제단화〉는 성모자가 있는 위치를 그림의 오른편으로 이동시켜 대각선 방향으로 그림을 재구성한 역작이다.

티치아노식 사진 찍기

나도 사진의 주인공이 오른쪽으로 이동하는 순간을 잡아 산 마르코 광장의 구도를 다시 조합했다. 그림에서 왼편에 있는 깃발이 균형을 잡아주있다면 사진 속에서는 붉은 간판과 교회 첨탑이 절묘하게 균형을 잡아주고 있다.

산 마르코 광장에서 우연히 포착한 이 사진 한 장으로 베네치아의 거장 티치아노를 만난 듯 즐거웠다. 밤새 밀려온 바닷물이 빠지는 중이었다. 그 순간 이 광장에 올 수 있던 건 행운이다. 게다가 선명한 실루엣을 남기며 한적한 광장을 가로지르는 한 여인이 있던 것은 흡사 신이 나에게 주신 기회가 아니었을까.

티치아노, 페사로 제단화, 1516~1518년, 385×270㎝, 산타 마리아 글로리오사 데이 프라리 성당

베네치아의 매직아워

세상 모든 일이 그러하듯, 멋진 사진의 기준도 저마다 다르다. 하지만 '나만의 사진'이라는 개념은 필요하다. 베네치아에서 사진을 찍으며 나만의 매직아워를 찾았다. 해가 막 떨어지고 가로등에 불이 들어오는 그 시간에는 셔터만 눌러도 작품이 된다. 그때 그곳에 있던 나는 건너편 산 조르조 마조레 성당을 보며 셔터를 누를 수 있었다. 세상 만물이 고요하게 내려 앉은 듯한 그 시간. 매직아워를 즐기는 나를 보던 사람들이 하나둘씩 따라서 셔터를 눌렀다. '나만의 사진'이 모두가 공감하는 사진이 되는 순간이었다.

베네치아에서 사진에 담을 매직아워를 찾아내자, 내 인생에서 매직아워는 언제인가 갑자기 궁금해졌다.

르네상스의 황혼

이탈리아 르네상스를 찾아 떠났던 모든 여정이 이제 끝나려 한다. 베네치아의 화려했던 시대가 끝나고 이후 르네상스의 노을도 저무는 그 시간을 따라가보려 한다. 미켈란젤로가 1564년 세상을 떠날 때 이탈리아 미술은 크게 양 진영으로 나뉘어 있었다.

한쪽은 피렌체를 중심으로 진개된 마니에리스모 화단이었다. 이 화가들은 미켈란젤로의 후예를 자처하면서 자기만의 표현 기법(양식 혹은 마니에라)을 극단적으로 밀고 갔다. 저마다의 개성을 중시했고 그 개성이 유행이 되면서 몇몇 화가는 최고의 인기를 누렸다. 하지만 인위적인 느낌은 오래 지속될 수 없었다. 새로운 그림을 지향하는 화가들은 모두 마니에리스모 그림을 극복하려 했다.

다른 진영은 티치아노를 중심으로 한 베네치아 화단이었다. 이들은 대형 캔버스에 화려한 색채를 과시하면서 생생하고 역동적인 분위기의 그림을 만들어냈다. 이들은 조각 같은 그림이 아니라 살아 있는 그림을 그리려 했다. 그리고 이들 양 진영의 장점을 자기 것으로 만든 화가는 틴토레토였다. 그는 티치아노에게서 배우고 후에 피렌체로 가서 데생의 기본기를 철저히 익혔다. 그리하여 양 진영의 중간쯤에 머문 것이 아니라 이 둘을 융합해 자기만의 독특한 미술 세계를 만들어갔다. 긴장감을 불어넣는 뒤틀린 구성과 강한 명암 대비는 보는 이들로 하여금 신비롭고 영적인 체험을 하도록 유도하는 그의 비결이었다.

그때 베네치아에 한 명의 천재가 찾아왔다. 그는 크레타 출신의 엘 그레코였다. 비잔틴 양식의 그림을 그리던 그는 베네치아로 와서 화려한 색채 기법을 배웠고, 특히 틴토레토의 긴장감 넘치고 명암 대비가 강한 그림에서 많은 영감을 얻어 자기 그림의 방향으로 삼았다. 그 후 그는 베네치아를 떠나 로마로 가서 미켈란젤로와 라파엘로로 상징되는 비례, 균형, 조화의 르네상스 본류를 체험하고 그림을 한 단계 성장시켰다. 그러고는 그는 다시 로마를 떠나 스페인으로 갔다. 마드리드와 톨레도를 거치면서 그토록 오랫동안 바라던 성공을 거둔 그는 르네상스의 토양 위에서 자신만의 독특한 그림 세계를 구현해냈다. 스승이라 할 틴토레토도 배움을 통한 융합

틴토레토, 산 마르코 유해의 발견, 1562~1566년, 396×400㎝, 브레라미술관

의 대가였지만 엘 그레코야말로 르네상스 시대의 여러 다양한 세계를 하나로 모아 자신의 예술로 승화시킨 융합의 대가였다. 그를 '지중해의 영혼을 그린 화가'라고 부르는데 크레타 섬에서 시작해 톨레도에서 끝난 그의 여정을 보고 있노라면 그 말에 고개를 끄덕이게 된다.

엘 그레코, 오르가스 백작의 매장, 1586~1588, 480×360cm, 톨레도 산토토메 교회

종장

Renaissance
우리의 르네상스를 꿈꾸며

나는 신과 인류에게 죄를 지었다.
주어진 재능에 걸맞는 작품을 만들지 못하고
낭비하고 말았기 때문이다.

_ 레오나르도 다 빈치

일어날 법한 일이 일어났을 때, 우리는 그것을 '기적'이라 부른다

다들 바쁘다 보니 여행 준비할 시간이 많지 않았다. 그런데 일정을 소화하면서 깜짝 놀랄 때가 많았다. 일행 모두가 얼마나 열심히 공부해왔는지 방문한 곳마다 관련된 지식이 줄줄 쏟아져나왔기 때문이다. 각자 읽은 책만도 족히 열 권씩은 되어 보였다. 내가 굳이 가이드할 필요가 없을 정도였다. 급조된 지식이라 가끔 꼬여서 실수할 때도 있었는데 그때마다 모두들 배꼽 잡고 즐겁게 웃었다. 그러다 기대하지 않았던 곳에서 깊은 여운을 챙겨오기도 했다. 유쾌한 여행이었다. 둘러봐야 할 곳이 많아 술 한잔의 여유를 즐길 시간도 없었다. 하지만 그 어떤 여행보다 알차고 행복한 여행이었다고들 한다. 안내자 역할을 했던 사람으로서 기쁜 일이다.

한편 꿀구라와 막구라로서는 더 바쁜 여행이었다. 창조성을 찾아 떠난 여행. 시대를 달리하여 이탈리아를 대표하는 네 도시를 방문하고 그 시대를 대표하는 다섯 명의 위대한 예술가를 찾아갔다. 우리의 선택은 옳았다. 세계 어느 곳을 가더라도 이탈리아처럼 자기 조상의 위대함을 그 모습 그대로 지키고 있는 곳은 없다. 우리 눈앞에 펼쳐진 그 시절 그 모습을 빠짐 없이 담으려 애썼다. 현장 위에, 지금도 전해지는 그들의 이야기가 더해지고서야 비로소 그들이 보였다. 그들이 남긴 작품들도 그간 숨겨둔 이야기를 들려주기 시작했다. 이제 인터넷 검색으로 손쉽게 이들의 작품을 찾아볼 수 있는 시대가 되었지만 그건 수박 겉핥기에 불과하다. 이는 와서 본 사람들만이 공감할 수 있는 것이다.

각 도시를 누비고 다니느라 우리의 다리가 지칠 때쯤이 되어서야 창조성의 비밀은 그 모습을 명확히 드러냈다. 예술가 다섯 명의 개성이 강한 만큼 다섯 개의 장마다 서로 다른 키워드가 정리되었다. 그것은 순서대로 도전, 과감한 투자, 몰입, 헌신, 개방에 이은 재창조 이렇게 다섯 가지다.

도전은 브루넬레스키와 만난다. 브루넬레스키와 그의 일당은 도전의 화신이었다. 남들 다 가는 길을 거부하고 자신들이 옳다고 믿는 길을 우직하게 간 그들은 아무도 가르쳐주지 않는 분야를 독학으로 돌파해 새로운 시대를 열었다. 위대한 피렌체의 서막을 연 이들은 유행만을 좇고 안되는 이유를 찾는데 보다 능한 우리의 모습을 돌아보게 한다.

과감한 투자는 보티첼리가 적극 참여한 플라톤 아카데미와 만난다. 메디치 가문의 전폭적인 지원은 상상을 초월하는 것이었다. 어떤 것에도 구속받지 않았던 플라톤 아카데미는 서구의 정신적 뿌리 절반에 해당하는 고대 그리스 로마를 완벽히 재현해 새로운 상품으로 만들어냈다. 피렌체 르네상스의 체계를 세운 이들은 효율성만을 앞세우고 기회비용만 생각하는 우리를 돌아보게 한다.

몰입은 밀라노 시절 다 빈치와 만난다. '과정으로서의 그림'을 통해 최고의 만능인이 된 다 빈치. 그는 제대로 된 그림을 그리겠다는 일념으로 자연과 과학의 세계를 정복해갔다. 몰입은 치열한 노력을 한 후 자신의 내면에서 답을 찾는 것이다. 그의 삶은 남들의 기준과 평가에 연연하고 결과만을 보려는 우리를 돌아보게 한다.

헌신은 예술에 대한 헌신으로 일생을 바친 미켈란젤로와 만난다. 그는 르네상스 시대를 풍미한 인생관인 아레테의 전형이었다. 내면의 잠재력을 발견하고 그것을 탁월함에 이르도록 하는데 결코 타협하지 않았다. 하나의 방향에 에너지를 집중하면 어떤 위대함이 만들어지는지 몸소 보여준 그는, 바빠서 방향을 잡는데 들일 시간이 없다고 말하는 우리를 돌아보게 한다.

개방에 이은 재창조는 티치아노를 중심으로 한 베네치아의 거장들과 만난다. 이들은 외부의 새로운 것을 받아들이는 데 주저하지 않았다. 또 수용하는 것에 안주하지 않고 새로운 것을 창조했다. 과거 그림이 가진 표현력의 한계를 뛰어넘는 놀라운 그림들을 창조한 이들은 다른 것들은 열심히 받아들이되 새로운 창조에서 늘 어려움을 겪는 우리를 돌아보게 한다.

우리 일행은 여행을 다녀와서도 정기적으로 모임을 갖는다. 이탈리아에서 한껏 받아들인 창조성의 기운을 유지하기 위해서다. 놀라운 것은 이번 여행을 통해 우리의 생각과 태도가 많이 변했다는 것이다. 차원이 다른 도전과 삶의 자세를 접하고 그간 안주했던 우리를 돌아보게 되었다. 새로운 창조는 멀리 있는 것이 아니라 우리 태도의 문제이며 과정의 문제라는 것을 알게 되면서 새로운 무언가를 만들어보려는 생각도 강해졌다. 또한 지금 하는 일들을 시대가 필요로 하는 창조와 맞닿게 하기 위해 지향점을 어디로 둬야 할지에 대한 고민을 시작하게 되었다. 많은 것을 공감하고 공유한 사이여서일까? 서로 만나 이야기를 나누는 것만으로 신기하게 의욕이 충전된다.

이번 이탈리아에서 길어온 것들 중에서 가장 소중하게 여기는 건, 그곳에서 만난 이들이 우리에게 던진 질문들이다. 기적이 만들어지는 데 꼭 필요했던 이 질문들을 붙들고 있다 보면 우리 주변에도 많은 기적이 생겨날 것이라 생각해본다. 함께 나누고 싶다.

당신은 인생을 걸고 헌신할 소중한 대상을 찾았습니까?

설령 결과가 더디게 나온다 해도 손해를 감수하고 적극적으로 투자할 의향이 있습니까?

아무도 가르쳐주지 않는다 해도, 아무도 가지 않은 길에 도전할 수 있습니까?

당신을 몰입하게 만드는 것은 무엇입니까? 당신은 스스로 완벽한 답을 갖고 있다는 것을 믿습니까?

당신은 새로운 것을 적극적으로 받아들입니까? 그중에서 새롭게 창조할 것은 무엇입니까?

나의 기적은 무엇인가.
우리의 기적은 무엇인가.

르네상스는 창조의 시대다. 우리는 지금 르네상스를 꿈꾼다.

에필로그

세상에서 가장 아름답고 지적인 여행을 마치며

나는 직감을 믿는 편이다. 꿀구라의 제안을 듣는 순간, '무조건 가야 하는 여행'임을 느꼈다. 그렇게 떠난 여행… 벌써 작년의 일이다. 시간이 지나도 르네상스의 현장을 걷던 기억은 여전히 생생하다. 그 기억이 쌓인 만큼 나는 더 성장했을 것이다. 그 기억을 이렇게 책으로 붙들어둘 수 있어 참 다행이다.

한 지점에서 다른 지점으로… 꿀구라가 만든 일정은 마치 톱니바퀴처럼 빈틈이 없었다. 그 순서를 따라 꿀구라는 500여 년 전 이야기보따리를 풀어냈다. 겉으로야 즐겁게 웃고 다녔지만, 사진을 결과물로 만들어내야 하는 부담은 생각보다 만만치 않았다. 여정을 시작한 밀라노에서 느낀 막막함을 어찌 말로 표현할 수 있을까. 평소 스스로를 믿는 나였지만 그 순간만큼은 큰 도전에 나서는 이의 마음과 같았다. 그러다 옛 모습 그대로를 간직한 스포르체스코 성을 돌아보며 다 빈치의 이야기에 취하다 보니 서서히 과거와 호흡하는 느낌을 찾아갈 수 있었다. 그렇게 조금씩 감을 잡은 후로 나는 마치 산을 타는 심마니의 마음으로 피렌체, 로마, 베네치아를 누비고 다녔다. 거장들의 발자취를 따라가며 그들과 만나는 한순간을 포착하고 싶었다.

절실한 눈으로 바라봐서인지 이 도시들이 뿜어내는 아름다움은 이루 말할 수 없을 정도였다. 그 아름다움에 취해 셔터를 누르면서도 마음의 부담은 가시지 않았다. 정작 중요한 '순간포착의 기회'가

쉽게 오지 않았기 때문이다. 며칠씩 발품을 팔다가 한 도시의 일정이 끝날 때면 아쉬움도 많이 남았는데 돌아와 그 결과물을 정리하면서 많이 놀랐다. 제대로 된 순간을 포착하려고 미친 듯이 찾아다녔건만, 정작 그들은 내 앞에서 늘 포즈를 취해주고 있었다는 것을 알게 되었기 때문이다.

머지않은 미래에 기억을 파는 서비스가 선보일 것이라 한다. 그중에 여행 관련 기억이 인기를 끌 것이라 하는데 그 이야기를 들으며 난 이번 여행을 떠올렸다. 만일 이 여행이 '기억상품'으로 팔린다면 어떻게 될까. 많은 분이 사주실까? 베스트셀러가 되는 기분 좋은 상상을 하다가 나는 마음이 조금 복잡해졌다. 소중한 무언가가 손에서 빠져나가는 느낌이 들었기 때문이다. 이번 여행의 기억은 나만이 간직하고 싶을 만큼 그렇게 소중했던 모양이다.

이제 꼭 움켜쥔 손을 놓아야 하는 시간이 되었다. 이제는 많은 분이 즐겨주시길 바라야 한다. 이번 기회를 제안하고 함께해준 꿀구라 김태진 대표에게 고마운 마음을 전한다. 잊을 수 없는 순간들을 함께한 여행동료들도 떠오른다. 그리고 늘 나에게 무한한 힘을 주는 가족들에게도 사랑한다는 말을 전하고 싶다.

막구라 백승휴

참고도서

르네상스 도서

『이탈리아 르네상스 미술가전 1,2,3』, 조르조 바사리, 1987, 탐구당

『르네상스의 미술』, 하인리히 뵐플린, 2002, 휴머니스트

『이탈리아 르네상스 이야기』, 야콥 부르크하르트, 2011, 동서문화사

『(신과 인간) 르네상스 미술』, 스테파노 추피, 2011, 마로니에북스

『르네상스』, 제라르 르그랑, 2011, 생각의나무

『르네상스 미술이야기 1,2』, 조승연, 2007~08, 세미콜론

『르네상스 미술이야기』, 김태권, 2009, 한겨레출판

『르네상스 창조경영』, 최선미, 2008, 21세기북스

『How to read Italian Renaissance Painting』, Stefano Zuffi, 2010, Abrams

피렌체 관련

『피렌체의 빛나는 순간: 르네상스를 만든 상인들』, 성제환, 2013, 문학동네

『브루넬레스키의 돔』, 로스 킹, 2003, 민음사

『알베르티의 회화론』, 레온 알베르티, 2002, 사계절

『메디치 가 이야기』, 크리스토퍼 히버트, 2001, 생각의나무

『메디치』, G.F.영, 1997, 현대지성사

『Botticelli: 산드로 보티첼리』, 도미니크 티에보, 1992, 열화당

『보티첼리가 만난 호메로스: 신화를 역사로 만든 화가들』, 노성두, 1999, 한길아트

『르네상스를 만든 사람들』, 시오노 나나미, 2001, 한길사

『은빛 피렌체』, 시오노 나나미

『천재들의 도시 피렌체: 피렌체를 알면 인문학이 보인다』, 김상근, 2010, 21세기북스

밀라노 관련

『레오나르도 다 빈치 평전 : 정신의 비상』, 찰스 니콜, 2007, 고즈윈

『레오나르도 다 빈치 노트북』, 레오나르도 다 빈치, 2006, 루비박스

『다 빈치의 인문공부: 세상을 뒤바꾼 통합지성의 발견』, 슈테판 클라인, 2009, 웅진 씽크빅

『레오나르도 다 빈치: 르네상스의 천재』, 프란체스카 데볼리니, 2008, 마로니에북스

『레오나르도 다 빈치의 과학과 미켈란젤로의 영혼 1,2』, 김광우, 2004, 미술문화

『르네상스의 여인들』, 시오노 나나미, 1996, 한길사

로마 관련

『미켈란젤로』, 미켈란젤로/ 앤소니 휴스 지음, 2003, 한길아트

『거장 미켈란젤로 1,2』, 로제마리 슈더, 2003, 한길아트

『황금빛 로마』, 시오노 나나미

『신의 대리인』, 시오노 나나미, 1997, 한길사

『체사레 보르자 혹은 우아한 냉혹』, 시오노 나나미, 1999, 한길사

『I, Michelangelo』, Georgia Illetschko, 2004, Prestel Publishing

『I, Raphael』, Dagmar Feghelm, 2005, Prestel Publishing

베네치아 관련

『베네치아의 르네상스』, 패트리샤 브라운, 2001, 애경

『베네치아 아카데미아 미술관』, 루치아 임펠루소, 2014, 마로니에북스

『주홍빛 베네치아』, 시오노 나나미

『바다의 도시 이야기 상,하』, 시오노 나나미, 2002, 한길사

『시오노 나나미 전쟁 3부작』, 시오노 나나미, 1998, 한길사

『엘 그레꼬: 지중해의 영혼을 그린 화가』, 김상근, 2009, 연세대학교출판부

『I, Titian』, Norbert Wolf, 2006, Prestel Publishing

『Titian: His Life』, Sheila Hale, 2012, Harper

미술사 전반

『서양미술사』, 곰브리치, 2003, 예경

『서양미술사 1, 미학의 눈으로 읽는 고전 예술의 세계』, 진중권, 2008, 휴머니스트

『그리스 미술』, 다그마 루츠, 2008, 미술문화

『로마 미술』, 토마스 호프만, 2007, 미술문화

『비잔틴미술』, 토머스 매튜스, 2006, 예경

『고딕』, 카린 자그너, 2007, 미술문화

『위험한 미술관』, 조이한, 2007, 웅진지식하우스

『깊게 보는 세계 명화』, 스테파노 추피, 2011, 다섯수레

『1001 peintures au Louvre de l'Antiquité au XIXe siècle』, Vincent Pomarède, 2005, Musée du Louvre

인문/역사

『열정과 기질』, 하워드 가드너, 2004, 북스넛

『창의성의 즐거움』, 미하이 칙센트미하이, 2003, 북로드

『몰입의 즐거움』, 미하이 칙센트미하이, 1999, 해냄

『몰입의 기술』, 미하이 칙센트미하이, 2003, 더불어책

『인문학으로 창조하라 : 아레테의 힘』, 김상근, 2013, 멘토프레스

『세계사 편력 1,2,3』, 곰브리치, 2003, 간디서원

『서양: 위대한 창조자들의 역사』, 이바르 리스너, 2005, 살림

『지도로 보는 세계사』, 조르주 뒤비, 2006, 생각의나무

『문명의 배꼽, 그리스』, 박경철, 2013, 리더스북

『구본형의 그리스인 이야기』, 구본형, 2013, 생각정원

『로마 멸망 이후의 지중해 세계 상,하』, 시오노 나나미, 2009, 한길사

이탈리아를 거닐며 르네상스 천재들의 사유를 배우다
아트인문학 여행

초판 1쇄 발행 2015년 5월 25일
초판 13쇄 발행 2024년 12월 12일

지은이 김태진, 백승휴
펴낸이 민혜영
펴낸곳 오아시스
주소 서울시 마포구 월드컵로14길 56, 3~5층
전화 02-303-5580 | **팩스** 02-2179-8768
홈페이지 www.cassiopeiabook.com | **전자우편** editor@cassiopeiabook.com
출판등록 2012년 12월 27일 제2014-000277호

ISBN 979-11-85952-13-0(03160)

* 오아시스는 (주)카시오페아 출판사의 인문교양 브랜드입니다.
* 잘못된 책은 구입한 곳에서 바꾸어 드립니다.
* 책값은 뒤표지에 있습니다.